Neuromarketing

El Valor del Precio

Claves Psicológicas para
Fijar Precios Exitosos

JIMMY FAJARDO

Contenido

Capítulo 1: El Precio No Existe en la Realidad

Todo precio es una construcción mental. Ningún producto vale lo que cuesta fabricarlo.

Nota al lector: Este capítulo tiene una sola misión: hacerte ver algo que llevas toda la vida mirando sin realmente entender. Después de leerlo, nunca volverás a escribir un número en la etiqueta de tu producto o en tu listado de comercio electrónico de la misma manera.

La noche que todo cambió

Cierras el portátil a las 11:47 de la noche.

Has pasado las últimas dos horas navegando por plataformas de venta, comparando tu catálogo con los resultados de la primera página. Has abierto doce pestañas distintas de competidores. Has revisado tus costos de producción, tus márgenes de impresión o fabricación, y las tarifas de envío. Y después de todo ese análisis agotador, llegas a la misma conclusión frustrante de siempre:

No sé a qué precio vender esto.

No es porque no sepas hacer cuentas. No es porque desconozcas tu nicho. Es porque sientes que hay una verdad escondida en algún lugar —un número correcto, un precio justo, una cifra matemática que el mercado ha determinado como la adecuada para tu producto— y simplemente no logras dar con ella.

Esa noche, sin saberlo, estabas persiguiendo un fantasma. Estabas buscando algo que no existe.

El gran malentendido sobre el valor de un producto

Hay una creencia silenciosa que la mayoría de los creadores, autores y vendedores en línea cargan consigo desde el primer día que intentaron lanzar un producto al mercado:

Existe un precio correcto. Y mi trabajo es calcularlo.

Es una premisa tan natural que casi nadie la cuestiona. Pero es una trampa mortal para tus ganancias y tus regalías.

- **No existe** el precio correcto.
- **No existe** el precio justo.
- **No existe** el precio objetivo.

Lo que existe es la **percepción del precio**. Y esa percepción vive única y exclusivamente en la mente de quien hace clic en el botón de "Comprar".

Esto no es filosofía barata. Es neurociencia pura. Es psicología cognitiva aplicada al comportamiento del consumidor. Entender esto cambia por completo las reglas del juego para tu negocio.

Una historia de dos cafés (El contexto lo es todo)

Hagamos un experimento mental. Imagina dos tazas de café. Idénticas. Mismo origen, mismos granos, misma temperatura, mismo volumen. Un barista experto no podría distinguirlas a ciegas.

- **Taza A (Cafetería de barrio):** Mesa plástica, servilletas de papel, un televisor encendido con las noticias. El precio en la pizarra: **$3.500 pesos**.
- **Taza B (Café de especialidad):** Luz cálida, empaque de diseño premium, el barista te explica la altitud del cultivo. El precio en el menú artesanal: **$18.000 pesos**.

Mismos granos. Precio cinco veces mayor. Entonces, ¿cuál es el precio "correcto" del producto físico?

La pregunta no tiene respuesta porque está mal formulada. El precio no reside en el líquido oscuro. Nunca estuvo ahí. El precio existe en la experiencia que el cliente anticipa, en el diseño del empaque, en la historia que cuentan tus metadatos y en cómo se siente el comprador al adquirirlo.

Tú no estás vendiendo un objeto físico ni un archivo digital.
Estás vendiendo lo que ese producto significa en ese momento
exacto. Y esta regla aplica de manera idéntica a un libro, a una
herramienta técnica o a un artículo de consumo.

Lo que dice la neurociencia (El experimento del vino)

En 2008, un equipo de investigadores publicó un estudio que sacudió
los cimientos del marketing. Introdujeron a varios participantes en
un escáner de resonancia magnética funcional y les dieron a probar
vino. Era exactamente el mismo vino, servido de la misma botella.

Pero alteraron un pequeño detalle en la etiqueta del producto:

- A la mitad de los participantes les dijeron que la botella
  costaba **$10 dólares**.
- A la otra mitad les dijeron que costaba **$90 dólares**.

¿Qué ocurrió en sus cerebros?

Las personas que creían estar bebiendo el vino de $90 mostraron una
activación significativamente mayor en la *corteza orbitofrontal
medial*, la región del cerebro asociada con el placer y la recompensa.
No solo *dijeron* que sabía mejor. Su cerebro, literalmente,
experimentó más placer físico.

El producto era idéntico. La etiqueta de precio era diferente. El
cerebro procesó dos realidades completamente distintas. Esto se
conoce como *el precio como señal de calidad*. Y tiene una
implicación directa para tu tienda:

**Cuando vendes barato, no solo ganas menos dinero. Estás
entregando una experiencia neurológicamente inferior a tu
cliente. Aunque la calidad real de tu producto sea impecable.**

El precio que ves y el precio que sientes

Tu cerebro no procesa los precios de forma racional. Cuando un cliente ve el precio en tu página de producto, ocurren tres reacciones simultáneas en menos de dos segundos:

1. **El Dolor de Pagar (Activación de la Ínsula):** Esta región cerebral está asociada con el dolor físico. Se activa al ver un precio alto. Pagar activa la misma red neuronal que sufrir un golpe. Los neurocientíficos lo llaman *"the pain of paying"*.
2. **La Búsqueda del Ancla:** El cerebro necesita un contexto. ¿Alto comparado con qué? Si no tienes un buen diseño de portada, imágenes de alta calidad o descripciones optimizadas para posicionar tu producto como superior, el cerebro del cliente usará como ancla el producto chino más barato que encuentre en la plataforma.
3. **La Evaluación Límbica:** El cerebro emocional procesa la historia detrás del producto antes de analizar los ceros. El diseño de la caja, las reseñas visibles, la calidad de la imagen de portada... todo eso se evalúa antes que el número.

Entonces, ¿dónde vive realmente el precio?

Si el precio no nace de sumar tus costos de fabricación más un margen de ganancia, ¿de dónde sale?

El precio vive en la distancia percibida entre el deseo/dolor del cliente y la claridad de tu solución.

Mientras más intenso sea el deseo o el problema, mayor será el precio que el cliente pagará sin dudar. Míralo así en diferentes nichos de productos:

- **Ejemplo 1 (Deportes Especializados):** Un aficionado de fin de semana no pagará caro por un cebo de pesca. Pero un pescador deportivo que participa en un torneo no cuestionará el precio de un equipo importado o de una fórmula de carnada fermentada premium si su objetivo es sacar una cachama de alto peso. El problema (perder el trofeo) es enorme. La solución (el producto adecuado) no tiene límite de precio.

- **Ejemplo 2 (Publicaciones):** Un libro genérico de juegos de mesa compite por centavos en la tienda. Pero un manual que desglosa sistemas matemáticos probados para dominar la ruleta o el póker no se percibe como un simple "libro de papel"; se percibe como una inversión que genera un retorno.
- **Ejemplo 3 (Infantil):** Un libro infantil común es solo papel impreso. Pero una serie de cuentos ilustrados mágicos que le garantizan a un padre lograr que su hijo concilie el sueño feliz y sin pantallas, resuelve un dolor familiar agudo. El valor percibido se multiplica.

Tu precio no depende del costo de producción. Depende de cuánto duele el problema que resuelves o cuánto placer garantizas.

El error estratégico de mirar a los lados

Volvamos a la escena de medianoche, frente a la pantalla. Lo que estabas haciendo se llama *pricing por referencia de mercado*. Es el error más común en el comercio electrónico y la autopublicación.

Cuando usas el precio de los productos de tu competencia en la primera página de resultados como referencia para fijar el tuyo, estás aceptando implícitamente que tu producto es idéntico al de ellos. Que eres un *commodity*. Y cuando te igualas al resto, la única variable que le dejas al cliente para decidir es buscar el más barato.

Entras en una guerra de desgaste (especialmente en mercados internacionales donde otros pueden absorber menores márgenes) en la que solo sobrevive el que tiene los costos más bajos. Tú no quieres jugar a ese juego.

El precio es un mensaje, no una etiqueta

Para dominar el mercado, necesitas instalar una nueva configuración en tu mente operativa. A partir de hoy, el precio deja de ser un simple resultado matemático en tu panel de control.

El precio es tu primer argumento de marketing.

Cuando pones un número frente a tu cliente, estás proyectando el ADN de tu marca. Le estás diciendo silenciosamente:

- *Este es el nivel de calidad de los materiales/contenido que ofrezco.*
- *Esta es la transformación que garantizo.*
- *Aquí está el tipo de comprador exigente que merece llevarse esto.*

Un precio bajo no solo reduce tus regalías o ganancias. Comunica calidad dudosa. Por el contrario, un precio *premium*, respaldado por una presentación visual congruente y un SEO que capte la intención de búsqueda exacta, activa en el cerebro de tu cliente una expectativa de alta gama antes siquiera de abrir el paquete.

Capítulo 2: Cómo el Cerebro Procesa el Número en la Pantalla

Neurociencia básica del precio: amígdala, corteza prefrontal y el dolor del pago en el comercio de productos.

Dentro del cerebro de tu cliente ocurre una batalla de milisegundos cada vez que ve el precio de tu producto. Hay una región que quiere añadirlo al carrito y otra que grita que cierre la pestaña. Tu trabajo —como vendedor, autor o creador— es saber cuál de las dos está ganando y cómo inclinar la balanza a través de tu listado, tu empaque y tu posicionamiento **antes** de que miren el costo.

La escena que se repite en cada clic

El comprador aterriza en tu página de producto, ya sea en tu tienda en línea o en una plataforma masiva.

Sus ojos van directo al número. *Siempre* van directo al número. Antes de leer las viñetas de descripción, antes de revisar el contenido enriquecido (A+), antes de procesar una sola línea de las características técnicas.

En ese instante —ese preciso instante en que sus ojos encuentran la cifra junto al botón de compra— ocurre algo que él no controla, que tú no puedes ver, y que sin embargo determina casi por completo si ese carrito terminará pagado o abandonado. Su cerebro está procesando el precio.

Y no lo está haciendo de la forma racional que imaginas.

El cerebro no lee números. Los siente.

Hay una ilusión muy conveniente en el comercio electrónico: creemos que cuando un comprador ve el precio de un artículo, lo analiza. Lo compara lógicamente con otras pestañas del navegador. Evalúa si los materiales o el número de páginas justifican el costo y decide fríamente si vale la pena.

Es una ilusión bonita, pero la neurociencia demuestra que es falsa. La realidad es más interesante (y más útil para optimizar tu conversión): **El cerebro siente el precio antes de pensarlo.**

La secuencia real no es *ver → analizar → decidir*.

La secuencia real es **ver → sentir → justificar**.

Si la decisión de "esto es demasiado caro" ya ocurrió en el plano emocional, la descripción técnica de tu producto no convencerá a nadie. Solo le dará permiso a una mente que ya decidió abandonar la página. Para entender por qué, necesitas conocer a tres "personajes" que operan dentro del cráneo de tu comprador.

Los tres actores del drama neurológico

Cuando un usuario evalúa tu producto, hay tres sistemas cerebrales activándose en cascada, cada uno con su propia agenda y velocidad.

Actor 1: La Amígdala (El guardián del presupuesto)

La amígdala es la estructura cerebral más antigua. Su función original es detectar amenazas y generar una alarma inmediata. Un depredador en la oscuridad. Una sombra rápida.

Para la amígdala moderna, un precio que se percibe como "alto" en relación con la primera impresión visual del producto activa exactamente el mismo mecanismo que una amenaza. Genera una microrespuesta de alerta. Tensión sutil. La primera semilla del rechazo. Todo esto ocurre en aproximadamente 120 milisegundos, antes de que el cliente haya terminado de procesar mentalmente la cifra.

Actor 2: La Ínsula Anterior (El sensor del dolor financiero)

Si la amígdala es el guardia de seguridad, la ínsula anterior es el sensor de dolor emocional.

Esta región procesa experiencias desagradables, y diversos estudios (como los del investigador Brian Knutson en Stanford) documentan que **el acto de pagar activa la misma región cerebral que el dolor físico.**

Cuando tu cliente ve el costo total (especialmente si hay gastos de envío ocultos), su ínsula evalúa instantáneamente si soltar ese dinero va a "doler". Si el precio supera el umbral de lo que visualmente esperaba, la señal de malestar viaja al sistema antes de que la lógica intervenga. Esto explica por qué alguien puede querer ardientemente tu producto y, aun así, cerrar la página sintiendo que *"es mucho dinero"*.

Actor 3: La Corteza Prefrontal (El racionalizador tardío)

Aquí vive el pensamiento consciente. El que compara características, lee las reseñas y justifica la compra.

Pero tiene un problema grave: **Llega tarde.**

Para cuando la corteza prefrontal empieza a leer los beneficios de tu producto, la amígdala ya lanzó su alerta y la ínsula ya registró el dolor. Lo que hace la corteza prefrontal, en la mayoría de las compras, no es *decidir*, sino *racionalizar* lo que el sistema emocional ya sintió.

"Está muy caro" no es el resultado de auditar tus costos de fabricación; es la traducción verbal de una punzada emocional.

La cascada de compra: Dos segundos que lo deciden todo

Así se ve el mapa neurológico desde el momento en que la página del producto termina de cargar:

Tiempo	Región Cerebral	Lo que ocurre internamente en el e-commerce	El Veredicto Oculto
0 – 120 ms	Amígdala	Detección de amenaza. ¿La imagen del producto se ve barata pero el precio es alto?	Seguro vs. Sospechoso
120 – 300 ms	Ínsula anterior	Evaluación de dolor. ¿Cuánto va a "doler" añadir esto al carrito?	Tolerable vs. Intolerable
300 – 800 ms	Sistema Límbico	Procesamiento emocional. ¿Qué me hace sentir la marca, la portada o el empaque?	Deseo vs. Indiferencia
800 ms – 2 s	Corteza Prefrontal	Racionalización. Lectura de viñetas, reseñas y descripciones.	Justificación de la emoción
Después de 2 s	Acción	Clic en "Añadir al Carrito" o cierre de la ventana.	Eco de la decisión interna

El dolor de pagar es moldeable

El *pain of paying* (dolor del pago) no es un factor fijo. Mientras más grande es la brecha entre el precio y el **valor percibido visualmente**, más se ilumina la ínsula. Más duele.

Pero el mismo precio exacto puede activar niveles de dolor completamente distintos dependiendo de:

- La calidad de las imágenes (¿Tienen iluminación cinemática? ¿Hay mockups 3D?).
- La historia y el *copywriting* del listado.
- La prueba social (reseñas de otros compradores).

El dolor no está incrustado en la etiqueta del precio. Está en la interpretación visual del producto. **Y esa interpretación es influenciable.**

La historia de los dos libros infantiles

Para aterrizarlo, imagina que un padre busca un regalo y encuentra dos series de cuentos infantiles ilustrados en una tienda masiva. Ambos libros físicos cuestan exactamente **$18.99 dólares**.

- **Libro A:** Tiene una portada genérica que parece hecha con plantillas gratuitas. No tiene contenido enriquecido en la página, la descripción es un solo párrafo de texto plano y no hay fotos del interior.
- **Libro B ("Cuentos Mágicos"):** La portada tiene ilustraciones detalladas y luz cinematográfica. Al hacer *scroll*, el comprador ve gráficos hermosos del interior, textos que explican cómo estas historias ayudan a relajar a los niños antes de dormir, y reseñas de padres aliviados.

Mismo formato. Mismo precio de lista. ¿En cuál de los dos sufre más la ínsula del comprador al pasar la tarjeta?

La respuesta es obvia. El Libro B redujo el dolor del pago no haciendo descuentos, sino elevando brutalmente el valor percibido a través de la presentación visual y el contenido. **El precio no cambió. El cerebro del comprador sí.**

Qué activa y qué apaga el sistema en la venta de productos

Para hacer esto accionable en tu catálogo o tus listados de venta, aquí tienes el panel de control neurológico:

Lo que enciende la alarma (Amígdala/Ínsula):

- **Imágenes de baja calidad:** Una foto pixelada de tu producto acompañada de un precio *premium* es un cortocircuito neurológico.
- **Gastos de envío sorpresa:** El producto cuesta $20, pero en el último paso del carrito aparecen $15 de envío no anunciados. La ínsula estalla y el carrito se abandona.
- **Descripciones descriptivas en lugar de transformativas:** Decir "libro de 200 páginas" en lugar de "el sistema exacto que rentabilizará tu próxima partida de póker".
- **Ausencia de prueba social:** Ser el primero en comprar algo sin reseñas activa el instinto de supervivencia (riesgo).

Lo que apaga la alarma y reduce el dolor:

- **Enfoque en el ROI o la Transformación:** Si vendes un cebo de pesca especializado de alto costo, el cliente no está comprando masa fermentada; está comprando la garantía de capturar una especie de alto peso y ganar el torneo de fin de semana. El dolor de pagar desaparece ante la gloria prometida.
- **Diseño impecable y profesionalismo visual:** Un empaque percibido como lujoso o una página web de carga rápida calman a la amígdala inmediatamente.
- **Reseñas específicas:** Fotos de clientes usando el producto real. Ver que la "tribu" sobrevivió a la compra apaga el sentido de riesgo.

El vendedor que olvidó que también tiene amígdala

Casi nadie habla de esto: **Tú, como vendedor y creador, también tienes amígdala.**

Lanzas un nuevo producto. Pasan tres días y las ventas son lentas. Tu cerebro anticipa el fracaso y el rechazo. El pánico entra en acción y haces algo que destruye el posicionamiento de tu marca: **entras al panel de control y bajas radicalmente el precio, o pones una etiqueta de "50% de descuento" en toda la tienda.**

Nadie te lo pidió. El mercado no rechazó tu precio, simplemente no tenía suficiente tráfico aún o faltaba optimización SEO en tus palabras clave (las *long-tail keywords* correctas). Pero tu amígdala entró en pánico preventivo y ejecutaste la rebaja.

El comprador que llega al día siguiente lee esto al instante: *Este producto vive en descuento eterno. No es un artículo de alta calidad, es mercancía de saldo.*

El insight que cambia tus listados

El precio que el cliente acepta o rechaza no es la cifra matemática. Es la **experiencia neurológica visual** que ese número activa en su cerebro al compararlo con las imágenes de tu producto.

Tu trabajo de ventas no recae en poner el precio más bajo posible para competir con fábricas internacionales. Recae en preparar el terreno neurológico. Un precio que aterriza sobre una página de producto optimizada, con prueba social y presentación impecable, convierte visitas en ventas. Un precio que cae sobre una página descuidada, muere antes de que el cliente lea el primer beneficio.

La batalla del precio se gana en el diseño de tu listado.

Capítulo 3: El Momento Exacto en que el Comprador Decide

Los primeros 3 segundos de exposición al precio y qué los activa en tu página de producto.

Existe una ventana exacta de tres segundos después de que el cliente aterriza en tu página de producto o hace clic en tu listado donde el cerebro toma una decisión que casi nunca cambia. Una vez que entiendes la anatomía de esta ventana microscópica, puedes diseñar tus portadas, imágenes y metadatos para que el algoritmo de decisión humana juegue siempre a tu favor.

Tres Segundos en la Pantalla

No son cinco minutos leyendo reseñas.

No es una hora comparando especificaciones técnicas.

No es un análisis profundo del índice de tu libro o la tabla de ingredientes de tu artículo.

Tres segundos. Ese es el tiempo exacto que tiene tu producto para sobrevivir o morir en la mente de quien acaba de hacer clic en tu enlace.

Lo que ocurre después —el *scroll* hacia abajo, la lectura de las viñetas, la revisión de las opiniones de otros usuarios— es casi siempre la consecuencia de una decisión instintiva que ya se tomó. El resto es la mente racional buscando excusas para confirmar lo que el instinto ya dictaminó.

Entender qué ocurre en esos tres segundos es el mapa del territorio donde se gana o se pierde la conversión en el comercio electrónico.

El experimento que lo cambió todo

En 2006, el psicólogo Ap Dijksterhuis de la Universidad de Ámsterdam publicó un estudio que sacudió el mundo del marketing. Su pregunta era simple: *¿Cuándo toman mejores decisiones las personas, cuando piensan mucho o cuando deciden de forma rápida e intuitiva?*

Los resultados demostraron que para decisiones con múltiples variables (como elegir un producto entre docenas de opciones en una página de resultados), las personas que decidían de forma intuitiva terminaban más satisfechas.

¿La razón neurológica? Tu cerebro inconsciente procesa hasta **11 millones de bits** de información por segundo. Tu cerebro consciente apenas procesa **50 bits** por segundo. Cuando le presentas a un usuario un listado confuso y le pides que "analice" si tu precio es justo, estás invitando al sistema más torpe a hacerse cargo. El sistema rápido y potente ya tomó la decisión visual al ver tu primera imagen. Y lo hizo en tres segundos.

Autopsia de una decisión en el E-Commerce: Segundo a Segundo

Vamos a entrar a la cabeza de tu comprador en tiempo real, justo en el momento en que la página web termina de cargar y la "Buy Box" (caja de compra) aparece en pantalla.

Segundo 1: La Evaluación de Amenaza (Inconsciente)

En cuanto los ojos registran la imagen principal y la cifra del precio, la amígdala hace una sola pregunta: *¿Esto es seguro?*

El cerebro compara instantáneamente lo que ve contra tres factores:

- **El ancla interna:** ¿Cuánto costaban los productos que estaban al lado del tuyo en la página de búsqueda?

- **La señal de identidad visual:** ¿La calidad de tu imagen, la iluminación cinematográfica de tu portada o el empaque justifican este número, o se ve como un diseño improvisado?
- **El dolor anticipado:** Una simulación instantánea de cómo se sentirá soltar ese dinero.

Segundo 2: La Búsqueda de Permiso (Preconsciente)

Si la imagen principal y el precio no activaron una alarma de "esto es una estafa o es de mala calidad", la corteza prefrontal entra al juego: *¿Puedo justificar esta compra?*

El cerebro no busca la verdad; busca permiso. Escaneará tu listado buscando palabras clave que confirmen sus sesgos. Si el primer segundo fue positivo, buscará en tu descripción los beneficios exactos que desea para decir que sí. Si el primer segundo generó desconfianza, cualquier pequeño detalle servirá de excusa para abandonar la página.

Segundo 3: La Cristalización (Decisión Implícita)

El cerebro llega a una conclusión endurecida. En este segundo, el dedo del usuario ya se está moviendo hacia el botón de "Añadir al Carrito" o hacia el botón de "Atrás". Intentar derribar una decisión negativa en este punto con un muro de texto aburrido en la descripción es inútil.

Las 4 Fuerzas que Dominan la Pantalla

Si los tres segundos son el campo de batalla, debes controlar las fuerzas que operan en tu listado de producto.

Factor Crítico	Cómo arruina tu venta	Cómo usarlo a tu favor
1. El Ancla de Búsqueda	Tu producto aparece junto a opciones chinas de $2 y tu miniatura se ve exactamente igual a la de ellos, pero cobras $20.	Tu miniatura destaca radicalmente en los resultados. Si vendes un sistema para ruleta o póker, tu portada proyecta autoridad financiera y exclusividad frente a guías genéricas de bajo costo.
2. La Coherencia Visual	El producto es premium, pero hay un error ortográfico en el título (ej. "Pele" en lugar de "Pelle" en un mercado extranjero) que destruye la confianza en el segundo uno.	Alineación total. Imágenes con renders 3D impecables, metadatos precisos y un listado que respira perfección técnica y calidad editorial.
3. La Magnitud del Deseo	Vendes un libro infantil genérico destacando que tiene "papel de buena calidad". El deseo es bajo.	Vendes unos "Cuentos Mágicos" optimizados con copywriting que promete a los padres lograr que sus hijos concilien el sueño rápidamente. El deseo es enorme.

Factor Crítico	Cómo arruina tu venta	Cómo usarlo a tu favor
4. La Fricción Digital	Descripciones técnicas aburridas, promesas vagas o dudas sobre si el producto servirá para el caso específico del cliente.	Listados asertivos. Si vendes una carnada o receta especializada para atrapar especies pesadas (como la cachama), el texto garantiza ese resultado específico sin titubeos.

El error más costoso en el comercio online

Hay un hábito que destruye conversiones de productos físicos y digitales con una precisión devastadora: **presentar un precio** *premium* **con un empaque** *amateur.*

Ocurre cuando lanzas un producto y dejas que la plataforma asigne miniaturas automáticas. O cuando escribes descripciones sin optimización de palabras clave y sin formato. En esos casos, el precio llega a un cerebro sin ancla de autoridad, sin el problema dimensionado y sin coherencia visual.

Un precio presentado sobre un lienzo digital descuidado es un precio rechazado antes de ser evaluado.

El Framework de Conversión: La secuencia para tus listados

Para garantizar que la ventana de tres segundos juegue a tu favor y el algoritmo te premie con más visibilidad, debes estructurar la experiencia de tu página de producto de esta forma:

1. **Gana el clic con el Ancla Visual:** Antes de que el cliente vea tu precio en la página de producto, debe haber hecho clic

en tu miniatura entre docenas de resultados. Esa miniatura (la portada de tu libro, la foto principal de tu artículo) debe comunicar un valor percibido tan alto que, al llegar a tu página, el cliente ya espere un precio superior.

2. **Impacta en el Primer Segundo (Imágenes A+):** Las fotografías secundarias o el contenido enriquecido deben justificar inmediatamente la cifra. Si es un artículo físico, muestra su uso en la vida real. Si es un libro, muestra maquetaciones interiores impecables.

3. **Dimensiona la herida en el Título y Subtítulo:** No vendas características, vende el destino final. El título debe capturar la intención de búsqueda exacta de tu comprador y prometer la resolución de su problema.

4. **Cero Inseguridades (Prueba Social):** Asegúrate de que las mejores reseñas o testimonios estén visibles rápidamente. El cerebro necesita saber que otros ya compraron, probaron y sobrevivieron para contar la historia.

Si diseñas tu presencia digital respetando estos tres primeros segundos, el precio dejará de ser una barrera matemática y se convertirá simplemente en el último paso lógico para que el comprador obtenga lo que ya decidió que quiere.

Capítulo 4: Por Qué Vender Barato Destruye tu Marca y Aleja a los Compradores

El precio bajo como señal de alarma y la trampa del volumen en el comercio digital.

Existe una creencia silenciosa que destruye más catálogos, tiendas en línea y negocios de autopublicación que cualquier cambio en los algoritmos. Es la falsa premisa de que "vender barato es una estrategia segura para ganar volumen". Aquí verás con neurociencia y matemática básica por qué el precio bajo no atrae compradores comprometidos: los repele. Y por qué subir el precio de tus productos es la decisión de posicionamiento más inteligente que tomarás este año.

La lógica que parece perfecta (y por qué hunde tu tienda)

La cadena de razonamiento de un creador o vendedor que compite por precio en plataformas internacionales es tan limpia que casi no se puede cuestionar. Se ve así:

1. *Si pongo mi producto más barato que el de mi competencia, más personas lo comprarán.*
2. *Si más personas lo compran, escalaré en los rankings de la tienda.*
3. *Si subo en los rankings, tendré ventas masivas.*
4. *Si tengo ventas masivas, mi negocio será un éxito rotundo.*

Impecable. Lógico. Razonable. **Y profundamente equivocado.**

No porque la matemática falle en un mundo ideal, sino porque parte de una premisa falsa sobre cómo funciona el cerebro del comprador: asumir que el consumidor *siempre* prefiere la opción más económica. La realidad, incómoda pero liberadora, es exactamente la contraria.

Lo que la etiqueta de precio grita en los resultados de búsqueda

Imagina que un usuario está buscando una solución especializada. Por ejemplo, un manual avanzado con estrategias matemáticas para dominar la ruleta o el póker, o tal vez una fórmula fermentada específica para la pesca deportiva de especies pesadas. En los resultados de búsqueda aparecen tres opciones con portadas similares:

- **Producto A:** Cuesta $2.99 dólares.
- **Producto B:** Cuesta $14.99 dólares.
- **Producto C:** Cuesta $35.00 dólares.

¿A cuál le da clic primero?

Si el comprador está genuinamente invirtiendo tiempo en resolver su problema (ganar en el casino o asegurar su trofeo de pesca), su instinto de supervivencia no lo lleva al más barato. Te lleva al del medio o directamente al más caro. ¿Por qué?

Porque en el abismo de opciones del comercio electrónico, **el precio es una señal**. Y esa señal comunica lo que ninguna descripción optimizada puede transmitir: *el nivel de efectividad del producto*. Para el cerebro del comprador, tu autopercepción de valor es la mejor evidencia disponible de la calidad real de tu artículo. Si vendes un "sistema infalible" por el precio de un café, el cerebro asume inmediatamente que es información reciclada de internet.

La Teoría de la Señalización en Plataformas Digitales

En mercados saturados donde el comprador no puede tocar el producto físico ni verificar la calidad del contenido antes de pagarlo, los vendedores usan "señales costosas" para demostrar autoridad.

Cobrar alto es una señal poderosa y difícil de falsificar. Sostener un precio *premium* exige que el producto funcione; de lo contrario, las reseñas de una estrella aniquilarían el listado en días. El cerebro del comprador sabe esto.

El precio bajo, en cambio, lo puede poner cualquiera. Y eso es exactamente lo que el comprador concluye de forma automática: **"Si este producto promete resultados tan grandes pero cuesta tan poco, algo debe estar defectuoso".**

La Paradoja de la Desconfianza en el E-commerce

Aquí está el corazón de este capítulo: **El precio bajo, en lugar de reducir la barrera de compra, la eleva.**

Los psicólogos del consumidor lo llaman la *paradoja de la desconfianza*: el intento desesperado de hacer más accesible tu producto bajando el precio genera una respuesta de sospecha. No comunica accesibilidad; comunica riesgo.

Esto se activa como una alarma nuclear en estas situaciones:

1. **Productos de Nicho y Soluciones Intangibles:** Si vendes una obra de no ficción hiper-especializada, un software o un diseño, el resultado no se comprueba hasta después de consumir el producto. Si el precio es tu única señal visible de diferenciación, bajarlo es mutilar tu propia autoridad.
2. **Por debajo del radar algorítmico:** Si el promedio de los productos *premium* en tu categoría en mercados como Alemania, Francia o Estados Unidos es de $20 dólares y tú entras cobrando $5, el comprador no cree que encontró una ganga. Cree que tu producto es de baja gama.

Los 3 perfiles tóxicos que atrae el precio mínimo

Quienes defienden la estrategia del "más barato" ignoran un patrón documentado: cobrar poco atrae a los peores compradores de internet, destrozando tus métricas de retención y reseñas.

- **El Cazagangas Hipercrítico:** Precisamente porque pagó poco, asume que el producto tiene fallas y lo escudriña buscando el error. Es el comprador que deja reseñas destructivas de 1 estrella por un simple error de formato que un comprador *premium* ignoraría.

- **El Devolucionador Compulsivo:** Compra por impulso porque "es barato", pero al primer obstáculo, exige un reembolso, afectando tus tasas de devolución y penalizando tu cuenta en la plataforma.
- **El Infiel:** No eligió tu marca por la calidad de tus ilustraciones ni por tu propuesta de valor; te eligió por la etiqueta del precio. El segundo en que aparezca un producto similar con 50 centavos de descuento, se irá sin mirar atrás.

La Trampa del Volumen (Matemática para rentabilizar tu catálogo)

"Lo que pierdo en margen lo compenso en volumen". Esta frase es el mito más peligroso de las ventas masivas. Requiere un tráfico monumental que rara vez es gratuito o sostenible.

Imagina la matemática de tu catálogo en línea intentando generar $3.000 dólares mensuales:

Variable	Escenario A (El Trampa del Precio Bajo)	Escenario B (El Precio de Valor Real)
Precio del Producto / Regalía Neta	$3.00 dólares	**$15.00 dólares**
Volumen necesario para la meta	1.000 ventas al mes	**200 ventas al mes**

Variable	Escenario A (El Trampa del Precio Bajo)	Escenario B (El Precio de Valor Real)
Costo de Adquisición (Publicidad)	Altísimo. Tienes que ganar miles de clics.	**Controlado.** Puedes pujar más alto por conversiones de calidad.
Gestión y Reseñas	Gestionar quejas y dudas de 1.000 personas diferentes.	**Monitorear la satisfacción de un grupo reducido y selecto.**

Con una quinta parte del volumen de ventas, ganas exactamente el mismo dinero. ¿Qué haces con los márgenes adicionales? Inviertes en campañas publicitarias robustas, pagas mejores herramientas de análisis de palabras clave y mejoras el diseño de tus futuros lanzamientos con herramientas avanzadas de inteligencia artificial.

El costo invisible de los márgenes bajos

Hay un impuesto que no aparece en ninguna métrica de tu tienda, pero que pagas todos los días: **el costo de no poder escalar.**

Cuando tus márgenes son mínimos, tu capacidad de maniobra es nula. No puedes invertir en *marketing* de pago por clic porque el costo por adquisición devora tu pequeña ganancia. No puedes expandirte a mercados internacionales porque no tienes presupuesto para traducciones profesionales. Te quedas atrapado dependiendo de un goteo de tráfico orgánico impredecible.

Cobrar lo justo por la calidad de tus productos no es avaricia; es el requisito matemático para poder alimentar el ecosistema publicitario que hará crecer tu negocio de forma sostenida.

Ejercicio de Cierre: Auditoría de tu Catálogo

Abre tu panel de ventas y revisa los números de tus productos más populares:

1. **Auditoría de rentabilidad:** ¿Cuál es el producto que más unidades vende y cuál es el que mayor margen neto te deja? A menudo, no son el mismo.
2. **El escenario ideal:** Si duplicaras el precio de tu producto "estrella", ¿cuántas ventas menos podrías permitirte perder para seguir ganando exactamente el mismo dinero a fin de mes?
3. **Análisis de Reseñas:** Revisa las reseñas de tus productos más económicos versus los más costosos. ¿Dónde se concentran las quejas por detalles insignificantes?

Si la matemática te confirma que el volumen masivo a precios de centavo te está ahogando en costos publicitarios sin dejar ganancia real, es momento de cambiar de estrategia.

Capítulo 5: El Mito del Precio "Justo"

No existe el precio objetivo. Solo existe el precio percibido.

Hay una búsqueda fantasma que consume el tiempo, la energía y la rentabilidad de miles de creadores de productos y vendedores de *e-commerce* todos los días: *la búsqueda del precio justo.* Ese número perfecto que nadie cuestione en las reseñas y que el algoritmo acepte sin resistencia. Aquí descubrirás por qué esa búsqueda es una trampa mortal. El precio "justo" como concepto objetivo en la venta de productos físicos o digitales simplemente no existe. Entender esto te devolverá el control absoluto sobre tus márgenes de ganancia.

La búsqueda que nunca termina

Hay una conversación limitante que ocurre cada vez que estás a punto de lanzar un nuevo producto o subir un nuevo libro a la plataforma.

Empieza justo en el momento en que llegas a la casilla de "Precio de lista". Revisas el mercado, miras lo que cobran las marcas líderes, analizas los costos de producción o impresión, y te haces la misma pregunta de siempre:

¿Cuánto debería cobrar realmente por este artículo?

No te preguntas *"¿cuánto quiero ganar por cada unidad?"* ni *"¿cuánto necesito cobrar para poder invertir en publicidad y escalar internacionalmente?".* Te preguntas *"¿cuánto debería?".* Como si existiera una respuesta matemática y moralmente correcta esperando ser descubierta. Como si el mercado tuviera archivado el "precio verdadero" de tu producto y tu única tarea fuera adivinarlo.

Esa pregunta parte de una premisa que parece obvia, pero que es completamente falsa: **la creencia de que existe un precio justo, objetivo e independiente de quien lo compre.**

La ilusión de la objetividad (El experimento de las 100 páginas)

La palabra "justo" implica una evaluación universal. Algo justo lo es tanto si te beneficia como si no. El problema es que el valor comercial de un producto no funciona así. **El valor es subjetivo. Siempre. Sin excepción.**

Lo que tu producto vale para un comprador depende de su urgencia, su contexto y la intensidad de su problema. Si el valor es subjetivo, el "precio justo" (que pretende reflejar ese valor a través de los costos) es un mito.

Hagamos la demostración con algo tangible. Imagina dos libros físicos de exactamente 100 páginas, impresos bajo demanda con la misma calidad de papel, la misma tinta y el mismo peso. Sus costos de fabricación son idénticos al centavo.

- **Libro A:** Es una colección de cuentos infantiles bellamente ilustrados para leer antes de dormir.
- **Libro B:** Es un manual técnico y estadístico con sistemas avanzados para dominar las mesas de ruleta y póker.

Si los costos de producción dictaran el precio justo, ambos deberían costar exactamente lo mismo. Sin embargo, el lector del Libro B está comprando una estrategia para multiplicar su dinero en un casino; un retorno de inversión directo. El comprador del Libro A está comprando un momento de conexión familiar. El valor percibido y la elasticidad del precio de ambos productos son universos distintos.

Lo mismo ocurre con los artículos físicos. Una masa fermentada puede ser solo "comida para peces" de $3 dólares para un pescador de fin de semana. Pero si esa misma fórmula es el secreto para atrapar una cachama de alto peso en un torneo competitivo, para un pescador deportivo ese bote vale $30 dólares sin dudarlo.

El valor no está en los materiales de fabricación; está en la transformación de quien lo consume.

Los 4 Mitos del Precio Objetivo en el Comercio

La ilusión del "precio justo" se disfraza de lógica financiera. Estas son las cuatro trampas en las que caen los vendedores para justificar etiquetas baratas, y la realidad psicológica que las desmiente:

El Mito del Vendedor	La Lógica Aparente	La Realidad del Consumidor
1. Costo de Fabricación + Margen	*"Calculo mis costos de producción/impresión, le sumo un 30% y ese es mi precio."*	Al comprador no le importan tus costos de logística. Le importa su propio problema. Si tu producto le ahorra horas de frustración, cobrar basándote en la tinta o el plástico es dejar dinero sobre la mesa.
2. El Precio del Algoritmo	*"Lo justo es cobrar el promedio de los productos que aparecen en la primera página de búsqueda."*	El "mercado" no es un juez objetivo. Si cobras el promedio, el algoritmo te clasifica como un producto genérico más. Los productos de alto valor atraen clics por su exclusividad, no por su similitud.
3. Lo que dicte el Comprador	*"El precio justo es el que el cliente considere razonable en sus reseñas."*	El ancla de "lo que es razonable" la trae el cliente de su historial de compras baratas, no del valor real de tu artículo.

El Mito del Vendedor	La Lógica Aparente	La Realidad del Consumidor
		Nunca diseñes precios para complacer al comprador más tacaño.
4. El Precio Cero-Fricción	*"Existe un número perfecto donde nadie me va a dejar una reseña quejándose del precio."*	Falso. Siempre habrá alguien que devuelva un producto con el 50% de descuento por considerarlo "caro". Perseguir la ausencia de fricción te lleva directo a la quiebra.

Si no hay precio objetivo, ¿qué hay?

Hay percepción. Y la percepción en una tienda en línea o en un ecosistema de listados tiene palancas que puedes accionar sistemáticamente.

La diferencia entre el producto que siempre depende de cupones de descuento para venderse, y el artículo *premium* que se vende en mercados internacionales a precio completo todos los días, no radica necesariamente en la fábrica. Radica en una regla de oro del comercio: **El precio no se descubre. Se construye.**

El Framework de Percepción: 5 Elementos para construir tu precio en la tienda

Si el precio vive en la mente del comprador mientras mira su pantalla, la estrategia cambia de *"¿cuánto cuesta fabricar esto?"* a

---

"¿qué debe ver el cliente en este listado para que el precio le parezca irrelevante?".

1. **La Narrativa de Transformación (El Copywriting):** Una viñeta descriptiva es un costo. Una viñeta optimizada con SEO y enfocada en el dolor es una inversión.
    - *Mal:* "Fórmula de cebo en pasta de 500 gramos". (Se lee como gasto).
    - *Bien:* "Fórmula hiper-fermentada con atrayentes olfativos diseñada para asegurar capturas de alto peso en aguas turbias". (Se lee como la victoria del torneo).
2. **La Prueba Social Específica:** Las estrellas genéricas no bastan. El cerebro necesita ver casos de uso reales. Un listado que incluye fotos de usuarios utilizando el producto con éxito hace que la barrera del precio desaparezca. La prueba visual aniquila la duda financiera.
3. **El Control de la Comparación (Keywords):** Si permites que tu producto se posicione bajo palabras clave genéricas, te compararán con basura de un dólar. Utiliza herramientas de análisis de datos para posicionarte en términos de "cola larga" (*long-tail keywords*) donde el cliente busca una solución *premium* y especializada.
4. **La Congruencia Total del Empaque/Portada:** Un precio de $40 dólares en un listado con una foto oscura y sin contenido enriquecido (A+) se percibe como una estafa. Ese mismo precio con imágenes renderizadas, diagramas de uso y una portada de alto contraste se percibe como el estándar de calidad de la industria.
5. **La Fricción Cero en la Experiencia de Compra:** La claridad de la información. Si el cliente sabe exactamente qué va a recibir, cómo usarlo y qué problemas le va a evitar, su umbral de "dolor de pago" se eleva dramáticamente.

La liberación de soltar la "Justicia"

Soltar el mito del precio justo da vértigo al principio. Significa que ya no puedes culpar a la guerra de precios de China o a la saturación de la plataforma por tus bajos márgenes. La responsabilidad de elevar el valor percibido es 100% tuya.

Pero después del vértigo, viene la libertad. Tienes poder real sobre tus márgenes. Los metadatos que configuras, el nivel cinemático de tus portadas, la optimización de tus textos publicitarios y la autoridad de tu marca son activos que tú controlas.

Una última verdad: El Precio Honesto

No existe el precio objetivamente justo, pero sí existe **el precio honesto**.

Un precio honesto en el *e-commerce* es aquel que refleja genuinamente la calidad y la transformación que tu producto entrega. Es un número que permite a tu comprador obtener un gran resultado, mientras a ti te proporciona el margen necesario para reinvertir en publicidad, mejorar tus diseños y escalar tu catálogo a múltiples idiomas y fronteras.

El precio honesto no lo dicta la competencia de la primera página. Lo dictas tú. Ese precio sí existe. Y ese es el que vas a empezar a imprimir en tus etiquetas.

Capítulo 6: Diagnóstico: ¿Cómo Estás Fijando los Precios de tus Productos?

Autoevaluación con herramienta práctica incluida. El punto de partida real en el comercio digital.

La teoría neurológica y los sesgos cognitivos son inútiles si no sabes en qué punto exacto se está desangrando la rentabilidad de tu catálogo. En este capítulo, dejamos la neurociencia por un momento para auditar tu tienda o listado con la frialdad de un cirujano. Vas a descubrir a qué "Arquetipo de Pricing" perteneces actualmente y aplicarás la *Matriz de Fuga de Rentabilidad* para encontrar dónde estás dejando márgenes sobre la mesa.

El fin de la ceguera algorítmica

Hasta aquí, hemos deconstruido cómo funciona la mente de tu comprador al navegar por internet. Ya sabes que el precio es una señal de calidad, que la amígdala reacciona al diseño de tu listado y que vender barato a menudo aleja a los compradores más comprometidos.

Pero saber cómo funciona el cerebro del consumidor no sirve de nada si sigues operando tu catálogo en piloto automático.

La mayoría de los creadores de productos, autores independientes y vendedores de *e-commerce* sufren de ceguera estratégica. Cuando una campaña publicitaria no convierte, culpan al algoritmo. Cuando el costo de adquisición (CPA) se come las ganancias, culpan a la saturación del mercado. Casi nunca miran el verdadero origen del problema: **su propio sistema para fijar y sostener el valor percibido de sus productos.**

Para transformar tu estructura de precios, necesitas un punto de partida real. Y la realidad se mide con datos y comportamientos, no con intenciones.

Los 4 Arquetipos de Pricing en el E-commerce (¿Cuál te describe hoy?)

Antes de pasar a la herramienta numérica, identifica tu patrón de comportamiento al lanzar un producto. Lee estos cuatro perfiles con honestidad brutal. Tu objetivo no es sentirte bien; es aislar el error.

- **1. El Calculador de Costos (Costo + Margen):**

  Suma los costos de fabricación o impresión, añade las tarifas de logística de la plataforma y le suma un "margen ético" del 30%. Su tragedia es que ignora por completo el valor de la transformación. Si ha creado un sistema de ruleta que puede generar miles de dólares en ganancias para el lector, o un artículo que ahorra horas de trabajo, lo sigue cobrando basándose únicamente en el costo del papel o del plástico.

- **2. El Espejo del Algoritmo (Competencia Directa):**

  Su tarifa la dicta la primera página de resultados de búsqueda. Pasa horas investigando qué cobran otros vendedores y posiciona su producto exactamente en el promedio. Su tragedia es que se convierte en un *commodity* (un artículo genérico). Al no destacar en precio ni en autoridad, se vuelve invisible.

- **3. El Ofertero de Pánico (El Autosabotaje):**

  Lanza un producto de alta calidad y activa sus campañas de anuncios (como Amazon Ads). Si el producto no despega orgánicamente en los primeros tres días, entra en pánico. Su primera reacción es tachar el precio original y poner un descuento permanente del 50%. Su tragedia es que destruye la autoridad de su marca y entrena al algoritmo para que solo le envíe compradores "cazagangas".

- **4. El Arquitecto de Valor (El Objetivo):**

  Cobra en proporción directa a la solución que entrega. Utiliza portadas con iluminación cinematográfica, metadatos estructurados con palabras clave de cola larga (*long-tail keywords*) para mercados internacionales y contenido enriquecido (A+) para justificar visualmente un precio *premium*. Entiende que un precio alto le otorga el margen necesario para dominar las pujas publicitarias.

Si te identificaste con los primeros tres, no estás solo. Es el comportamiento por defecto en el comercio masivo. Pero es hora de medir el impacto real de ese comportamiento.

La Herramienta Práctica: Matriz de Fuga de Rentabilidad

A continuación, encontrarás un test diagnóstico de 10 preguntas diseñado para identificar las grietas invisibles en tu catálogo de productos.

Instrucciones: Responde con un simple **"SÍ"** o **"NO"** basado en tus últimos seis meses de operación real al listar, promocionar y vender tus productos.

N°	Situación Operativa y de Ventas	Respuesta (SÍ / NO)
1	Cuando una campaña de anuncios no convierte inmediatamente, ¿tu primera reacción es bajar el precio del producto en lugar de mejorar el *copywriting* y las imágenes del listado?	
2	¿Tus precios actuales están basados principalmente en calcular tus costos de	

N°	Situación Operativa y de Ventas	Respuesta (SÍ / NO)
	producción/impresión más un pequeño margen fijo?	
3	¿Fijaste el precio de tu último lanzamiento simplemente sacando un promedio de lo que cobraban los primeros cinco competidores en los resultados de búsqueda?	
4	¿Has sentido frustración al ver que un producto hiper-especializado que creaste compite por centavos contra copias genéricas y de baja calidad?	
5	¿Dependes fuertemente de promociones gratuitas, rebajas flash o cupones de descuento permanentes para mantener tu posicionamiento y volumen de ventas?	
6	¿Tienes listados activos sin elementos visuales *premium* (como contenido A+, *mockups* 3D o portadas de calidad cinematográfica), y aun así te preguntas por qué no se venden más caros?	
7	¿Sientes terror a la idea de subir tus precios un 20% porque estás convencido de que el algoritmo te penalizará y tus ventas caerán a cero?	

N°	Situación Operativa y de Ventas	Respuesta (SÍ / NO)
8	Cuando un competidor directo en tu nicho baja su precio, ¿sientes una urgencia inmediata de igualar su oferta para no perder cuota de mercado?	
9	¿Inviertes más tiempo preocupándote por los precios de tu competencia que investigando la intención de búsqueda exacta de tus compradores en diferentes idiomas o mercados?	
10	¿Crees que vender un volumen masivo de unidades con un margen de ganancia minúsculo es la *única* forma de construir un negocio digital sostenible?	

Resultados y Diagnóstico Brutal

Suma la cantidad de respuestas **"SÍ"**.

De 0 a 2 respuestas "SÍ": Nivel Arquitecto (Riesgo Bajo)

Tienes un control férreo sobre tu posicionamiento en la plataforma. Entiendes que el precio es un anclaje psicológico y no cedes ante la presión de la competencia barata. Tu fuga de rentabilidad es mínima. Los próximos capítulos te servirán para afinar tácticas de exclusividad y rareza para maximizar tus márgenes de ganancia.

De 3 a 5 respuestas "SÍ": Nivel Intermedio (Alerta de Estancamiento)

Ganas dinero, pero el costo de adquisición de tus anuncios probablemente se está comiendo gran parte de tus beneficios. Tienes picos de autoridad en tus diseños mezclados con ataques de inseguridad en tu estrategia de precios. Estás dejando márgenes altísimos sobre la mesa por miedo a testear el techo de tu mercado.

De 6 a 8 respuestas "SÍ": Nivel Crítico (Fuga Estructural)

Estás atrapado en una guerra de desgaste. Estás atrayendo activamente al comprador infiel que solo busca la etiqueta más barata. El problema no es la calidad de lo que vendes (ya sea una serie infantil maravillosa o una herramienta técnica precisa); el problema es que la presentación digital y la estrategia de metadatos están diseñadas para competir en la gama baja.

9 o 10 respuestas "SÍ": Nivel Emergencia (Modo Supervivencia)

Tu amígdala está tomando todas las decisiones de tu negocio. Estás compitiendo en el fondo del barril y la rentabilidad de tus campañas publicitarias es insostenible. La buena noticia es que, al estar en el punto más bajo del apalancamiento de precios, la simple optimización visual de tus listados y la reestructuración de tu narrativa elevarán tus ingresos casi de la noche a la mañana.

El insight que debes llevarte de este diagnóstico

Mira las preguntas a las que respondiste "SÍ". Notarás un patrón innegable: **Casi todas representan acciones que tomas por miedo, no por estrategia analítica.**

El miedo a que el algoritmo te oculte. El miedo a no conseguir reseñas. El miedo a que el mercado no valide tu producto.

El diagnóstico real de este capítulo no es un número del 1 al 10. Es la aceptación absoluta de que **los precios de tus listados actuales**

son el reflejo exacto de tus límites psicológicos, no del límite del mercado internacional. El mercado tiene dinero. El mercado paga precios *premium* todos los días por soluciones especializadas, simplemente porque quien las vende las presenta con autoridad inquebrantable.

Capítulo 7: El Efecto Ancla (El Primer Número Gana Siempre)

Cómo el cerebro usa la primera cifra visual como referencia absoluta en el comercio electrónico.

El cerebro humano es incapaz de evaluar el precio de un producto en el vacío. Siempre, sin excepción, necesita un punto de comparación para decidir si algo es caro o barato. Ese punto de comparación se llama "ancla". El problema es que si tú no instalas esa ancla estratégicamente en tu listado o tienda virtual antes de que el usuario vea tu precio, usará el del competidor más barato. Aquí aprenderás a dominar el sesgo cognitivo más poderoso del *pricing*: quien pone el primer número en la pantalla, controla la percepción de la compra.

El terror al vacío cognitivo en internet

Imagina que estás navegando por una tienda en línea especializada en equipos de importación y ves una caña de pescar de fibra de carbono por $400 dólares.

¿Es una ganga o te están estafando?

Tu cerebro entra en pánico por una fracción de segundo. No tienes forma de saberlo porque existe un **vacío cognitivo**. No tienes un punto de referencia absoluto. Tu mente, desesperada por darle sentido a la cifra, buscará cualquier pista en la pantalla. Si en la sección de "Productos similares" ves cañas por $1.200 dólares, de repente los $400 suenan a la mejor oportunidad de tu vida. Si los productos sugeridos cuestan $50, te sentirás insultado.

La caña es la misma. El número es el mismo. Lo único que cambió fue la cifra que tu cerebro procesó para comparar.

Esto es el **Efecto Ancla** (*Anchoring Effect*). Fue documentado por los psicólogos Amos Tversky y Daniel Kahneman (Premio Nobel de Economía), quienes descubrieron que cuando las personas intentan estimar el valor de algo, se aferran de forma irracional a la primera pieza de información numérica que reciben, incluso si esa información no tiene relación directa con la calidad del producto.

El error de la "Búsqueda Genérica"

Si entiendes este sesgo, te darás cuenta de que la forma en que la mayoría de los vendedores publican sus productos en plataformas masivas (como Amazon KDP, Shopify o MercadoLibre) los deja a merced del algoritmo.

Imagina que un comprador busca un libro técnico o un manual estratégico. Tu producto cuesta $24.99. Pero el comprador llegó a tu página después de hacer *scroll* a través de cinco listados de baja calidad que costaban $4.99.

¿Cuál es el ancla mental del cliente mientras lee tu título? **$4.99**.

Cuando sus ojos aterrizan en tu precio de $24.99, la brecha entre su ancla (bajísima) y tu precio es tan grande que su ínsula (el centro del dolor cerebral) se enciende. Su respuesta automática será: *"Wow, está carísimo"*.

No es que tu producto no lo valga; es que permitiste que el número se evaluara contra un ancla equivocada. Debes recuperar el control de ese número.

Las 3 Tácticas de Anclaje de Alta Conversión para Productos

Para que el Efecto Ancla trabaje para ti, debes inyectar números altos y estratégicos en la mente de tu cliente *antes* o *al mismo tiempo* que ve tu precio real. Aquí tienes los tres *frameworks* tácticos más efectivos en el comercio digital:

Táctica 1: El Anclaje del Costo del Problema (El Precio del Fracaso)

El ancla más poderosa que puedes usar en el texto de tu página de producto no es tu precio, sino el dinero que el cliente ya está perdiendo. Debes hacer que el cliente mire de frente la "hemorragia" financiera que sufre por no tener tu artículo.

- **Aplicación Práctica:** Imagina que vendes un manual avanzado sobre sistemas matemáticos y probabilidad para mesas de casino (ruleta o póker). Antes de que el cliente juzgue si los $35 dólares que cuesta el libro es mucho dinero, anclas el texto de tu descripción: *"Entrar a una mesa de póker sin conocer las matemáticas detrás del juego puede costarte fácilmente tu buy-in de $500 dólares en una sola mala racha de 20 minutos."*
- **El Efecto:** Has instalado un ancla de $500 dólares. Cuando el cerebro vuelve a mirar el precio del libro ($35), ya no lo procesa como un objeto de papel impreso. Lo procesa como un escudo protector de bajo costo contra una pérdida de $500. El precio dejó de ser alto.

Táctica 2: El Precio de Lista vs. El Precio Actual (El Tachado Visual)

Es la táctica más antigua del comercio electrónico, pero sigue funcionando porque explota un fallo directo de la corteza prefrontal. Consiste en mostrar el Precio Sugerido (MSRP) tachado, justo al lado del precio de venta actual.

- **Aplicación Práctica:** En tu tienda, configuras el Precio de Lista en **$59.99 (tachado)** y el precio de venta en **$34.99**.
- **El Efecto:** El comprador no evalúa si $34.99 es un precio justo por el producto. Evalúa que está **ganando $25.00** en la transacción. El ancla original ($59.99) hace que el precio real se sienta como una victoria personal. *(Nota: Úsalo con ética. El precio tachado debe representar un valor real de mercado de productos similares o el precio histórico de tu artículo).*

Táctica 3: El Modelo "Top-Down" (El Ecosistema de Catálogo)

Si ofreces varias versiones de un producto, múltiples formatos de un libro (Kindle, Tapa Blanda, Tapa Dura) o *bundles* (paquetes), la plataforma a menudo permite mostrar las opciones juntas.

El error común es destacar la opción más barata para "atraer". Debes hacer exactamente lo contrario.

1. **Presenta (o lanza) primero tu Edición Premium (El Ancla):** Un paquete de $120 dólares que incluye el producto físico, accesorios extra o un formato de lujo con ilustraciones a color.
2. **Presenta tu Edición Estándar (Tu objetivo real):** $29.99 dólares.

- **El Efecto:** Si el comprador ve primero que el ecosistema completo llega a costar $120, su cerebro se ajusta a esa altitud. Al fijarse en la edición estándar de $29.99 (el producto que realmente querías vender en masa), ya no siente que está pagando caro; siente que está tomando una decisión financieramente astuta. Si solo existiera la versión de $29.99, le habría parecido costosa.

Qué hacer frente a la sección "Productos Similares"

En plataformas masivas, no puedes evitar que el algoritmo muestre a tus competidores más baratos justo debajo de tu producto. ¿Cuál es el antídoto neuro-estratégico? **Anclar visualmente la calidad superior antes de que hagan** *scroll*.

Tu imagen principal y tus metadatos (título y subtítulo) deben establecer un ancla de exclusividad.

- Si vendes cebos especializados o atrayentes para pesca, tu imagen no puede ser un simple bote blanco. Debe estar rodeada de trofeos, sellos de alto rendimiento y una etiqueta gráfica de "Fórmula de Torneo".
- Si vendes un libro infantil, la imagen de portada debe gritar "alta literatura" a través de su diseño tipográfico y contrastes.

Cuando el cliente baja y ve la competencia a mitad de precio con empaques genéricos, su cerebro no piensa *"Voy a ahorrar dinero"*. Piensa: *"Esto otro es la versión barata y de mala calidad de lo que acabo de ver"*. Acabas de usar la mediocridad de tu competencia como ancla para elevar tu propio valor.

Resumen Táctico de Ejecución

Tu tarea para esta misma semana es auditar tus listados de productos y descripciones bajo las siguientes tres reglas inquebrantables del neuromarketing de consumo:

1. **Regla 1:** Quien dice el primer número, controla el tablero. Construye el contexto numérico (cuánto dinero o tiempo se pierde sin el producto) en los primeros renglones de tu descripción.
2. **Regla 2:** Aprovecha el anclaje visual de formatos múltiples. Si tienes un producto, crea una versión *premium* (un paquete, una edición de tapa dura) no solo para venderla, sino para que funcione como ancla protectora del producto estándar.
3. **Regla 3:** Si tu cliente no siente el "costo del problema", tu producto siempre será un gasto. Traduce la frustración del comprador a un número tangible que justifique tu etiqueta de precio.

Capítulo 8: Aversión a la Pérdida (Vende lo que el producto evita, no lo que añade)

Perder $100 duele más que ganar $100. Úsalo en las descripciones de tu catálogo.

La inmensa mayoría de las páginas de producto fracasan porque prometen un escenario brillante y positivo, ignorando que el cerebro humano está biológicamente programado para priorizar la supervivencia por encima de la ambición. Aquí descubrirás cómo usar el sesgo de *Aversión a la Pérdida* para transformar tus artículos (incluso los más costosos) en un rescate de emergencia que el comprador sienta que necesita añadir al carrito hoy mismo.

La asimetría del dolor y el placer en las decisiones de compra

Imagina que lanzamos una moneda al aire. Si sale cara, te regalo $100 dólares. Si sale cruz, me tienes que pagar $100 dólares de tu bolsillo. ¿Aceptas la apuesta?

Si tu cerebro funciona como el del 90% de los seres humanos, la rechazarás de inmediato.

Matemáticamente, la apuesta es equitativa (50/50). Pero neurológicamente, la balanza está rota. Los psicólogos demostraron con la *Teoría de las Perspectivas* que **el dolor de perder algo es, en promedio, el doble de intenso que el placer de ganar la misma cantidad.** Perder $100 duele muchísimo más de lo que alegra encontrar $100 en la calle.

Nuestro cerebro evolucionó en un entorno hostil donde perder los recursos del día significaba la muerte, mientras que encontrar recursos extra solo significaba un pequeño beneficio temporal. Sobrevivir siempre importó más que prosperar. Y ese mismo cerebro prehistórico es el que hoy desliza el dedo por una tienda en línea para decidir si pulsa el botón de "Comprar ya".

El error de vender el "futuro brillante"

Sabiendo que el cerebro reacciona con el doble de intensidad ante una amenaza de pérdida, revisemos cómo está escrito el *copywriting* de tus listados actuales.

Probablemente tus viñetas descriptivas suenan así:

- *"Con este producto, vas a mejorar tu rendimiento."*
- *"Lograrás resultados más rápidos."*
- *"Disfrutarás de un diseño increíble."*

Estás vendiendo ganancias. Estás vendiendo el "futuro brillante". Y aunque suena muy positivo, tiene un defecto letal en el comercio electrónico: **la ganancia es opcional**. Si tu cliente cierra la pestaña y no obtiene ese beneficio extra, su vida sigue exactamente igual. No duele. Está en su zona de confort, y el confort no genera urgencia de compra.

Pero, ¿qué pasa si cambias el enfoque en tu página de producto y le muestras lo que *ya está perdiendo* por no tener tu artículo en sus manos? La opcionalidad desaparece. Entra en juego la urgencia absoluta.

El Framework de la Hemorragia: Cómo replantear tus listados

Para activar la aversión a la pérdida, debes convertirte en un diagnosticador. Tu trabajo no es asustar; es iluminar el dinero, el tiempo, la energía y las frustraciones que el cliente ya está sufriendo.

Veamos cómo se aplica este giro neurológico en la redacción de las descripciones de diferentes nichos de productos:

El Producto	Enfoque en Ganancia (Débil y Opcional)	Enfoque en Pérdida (Urgente e Inolvidable)
Estación Total / Equipo de Topografía	"Realiza mediciones de terreno con altísima precisión y rapidez para tus proyectos de infraestructura."	"Deja de perder licitaciones millonarias por errores milimétricos. Evita los sobrecostos catastróficos que genera un cálculo de nivelación inexacto en la fase de cimentación."
Cebo o Atractor Premium para Pesca Deportiva	"Atrae peces más grandes con esta fórmula de fermentación de alta efectividad."	"No vuelvas a casa con las manos vacías. Evita desperdiciar cientos de dólares en combustible y permisos de lagos especializados por usar carnadas que las especies de alto peso ignoran."
Software CAD / Herramienta Digital B2B	"Optimiza el diseño de tus planos y agiliza el flujo de trabajo de tu equipo de ingeniería."	"Estás regalando horas valiosas de tu equipo pagando horas extras innecesarias, simplemente por depender de un software lento que retrasa la entrega de los frentes de obra."

El Producto	Enfoque en Ganancia (Débil y Opcional)	Enfoque en Pérdida (Urgente e Inolvidable)
Carcasa Industrial para Teléfonos	"Protege tu dispositivo con este diseño moderno y materiales ultra-resistentes."	"Un solo resbalón sobre el concreto te costará $800 dólares en la reparación de la pantalla. Blinda tu herramienta de trabajo hoy."

El producto que vas a enviar es exactamente el mismo en ambas columnas. Pero en la columna de la derecha, el comprador siente que tiene una herida abierta. Y las personas no discuten las etiquetas de precio cuando se están desangrando.

El Costo de Inacción (COI) en el E-Commerce

El arma secreta de la aversión a la pérdida es un número específico: el **Costo de Inacción (COI)**.

Antes de que el cliente juzgue si el precio de tu producto es alto o bajo, debes obligarlo a mirar de frente cuánto le cuesta no hacer nada.

Imagina que vendes una licencia anual de un software avanzado para interventoría y supervisión de obras que cuesta $500 dólares. La corteza prefrontal del cliente se resistirá al gasto inicial. Pero si en la descripción le haces ver que un error en el control del asfalto o la base granular por falta de software adecuado le puede costar una penalización de $15.000 dólares con el contratista, el escenario cambia drásticamente.

La narrativa mental que construyes en la descripción de tu producto es esta:

- **Opción A (No comprar el producto):** Riesgo altísimo de perder miles de dólares en sobrecostos operativos o materiales arruinados.
- **Opción B (Comprar el producto):** Un gasto único de $500 para detener esa amenaza permanentemente.

Gracias a la aversión a la pérdida, rechazar el producto se vuelve neurológicamente insoportable. Tu precio alto de repente se percibe como un seguro de protección muy barato.

Reversión del Riesgo: Calma a la Amígdala antes del "Checkout"

Hay un último detalle crítico en la venta de productos: el comprador no solo odia perder el tiempo o el dinero que ya está perdiendo en su vida diaria; **también le aterra perder el dinero que te va a pagar a ti si el artículo no cumple lo que promete**.

Para que este gatillo mental cierre ventas de alto valor, debes absorber parte de ese miedo visualmente en la página. Esto se llama *Reversión del Riesgo*.

Si vendes a precios altos, no puedes obligar al cliente a asumir el 100% del riesgo. Debes hacer que las garantías sean las protagonistas de la zona cercana al botón de compra.

- *Garantía de resultado/rendimiento:* "Pon a prueba este equipo en tu próximo proyecto. Si la calibración no reduce tu tiempo de captura de datos en un 30%, te devolvemos tu dinero."
- *Garantía de calidad física:* "Reemplazo inmediato sin preguntas si el artículo sufre algún daño estructural durante el primer año de uso intensivo."

Cuando le quitas el riesgo de equivocarse de los hombros al comprador y te lo pones en los tuyos, su amígdala se relaja por completo. La aversión a la pérdida se desactiva respecto a tu etiqueta de precio y se concentra únicamente en resolver el problema que lo trajo a tu página en primer lugar.

Resumen Táctico de Ejecución

1. **Audita tus viñetas (Bullet points):** Revisa tu listado actual. Deja de vender el cielo. El crecimiento y la eficiencia son conceptos bonitos, pero no urgentes. Identifica cuál es el dolor, el riesgo económico o la frustración técnica exacta que tu comprador sufre hoy.
2. **Calcula el sangrado:** Traduce ese dolor a escenarios tangibles. ¿Cuánto dinero pierde en el proyecto? ¿Cuántas horas de pesca desperdicia? Ese es el Costo de Inacción (COI) que debe encabezar tu descripción.
3. **El contraste perfecto:** Presenta los beneficios de tu producto siempre como el antídoto contra el COI. Tu artículo debe sentirse como la herramienta definitiva que evita que el problema empeore.
4. **Destaca la garantía:** Mata el miedo a comprar en internet ofreciendo garantías sólidas, visibles y claras justo antes del carrito de compras. El que cobra más por un producto superior, debe respaldarlo con la mayor firmeza de la industria.

Capítulo 9: El Efecto Señuelo (El Paquete del Medio Siempre se Vende)

La trampa de las tres opciones y cómo diseñarla a tu favor en el comercio electrónico.

Publicar un producto en tu tienda con una única etiqueta de precio es jugar a la ruleta rusa con tus conversiones. Obliga al comprador a tomar una decisión binaria: "Lo compro o cierro la pestaña". Aquí aprenderás a hackear esa decisión utilizando el *Efecto Señuelo*, una táctica de arquitectura de precios que elimina la opción de "no comprar" y guía sutilmente al cerebro hacia el paquete más rentable de tu catálogo, haciéndole creer que fue su propia y brillante idea.

El error del listado de precio único

Piensa en la última vez que lanzaste un producto físico o digital. Subiste las fotos, escribiste la descripción y le pusiste un único precio: $50 dólares.

¿Qué ocurre en el cerebro del usuario cuando ve esa única cifra?

Se activa una pregunta binaria y extremadamente peligrosa en el comercio: **"¿Quiero gastar $50 dólares en este artículo, SÍ o NO?"**

En un entorno de compras en línea, lleno de distracciones e incertidumbre, el cerebro humano tiende por defecto al "NO" para proteger su dinero (aversión a la pérdida). Además, al tener un solo precio, el comprador no tiene contra qué compararlo internamente en tu propia tienda. Para evaluar si tus $50 dólares son justos, se verá obligado a buscar productos similares en la barra de búsqueda o en Google. Acabas de enviarlo directamente a las garras de tu competencia.

Pero, ¿qué pasa si en lugar de un precio único, presentas tres opciones estructuradas estratégicamente (como *bundles* o variaciones)?

La pregunta del cerebro cambia drásticamente. Ya no se pregunta *"¿Compro o no compro?"*. Ahora se pregunta: **"¿Cuál de estos tres me conviene llevarme?"**

Acabas de eliminar la opción de "no comprar" del foco principal de su atención.

La neurociencia de la comparación (El caso *The Economist*)

El cerebro humano es pésimo evaluando el valor absoluto de las cosas en el vacío, pero es una máquina perfecta evaluando valores relativos (comparaciones).

El investigador Dan Ariely demostró esto con el famoso experimento de la revista *The Economist*, el cual sentó las bases de la fijación de precios en el comercio moderno. La revista ofrecía tres opciones de suscripción:

1. **Suscripción Digital:** $59
2. **Suscripción Impresa:** $125
3. **Suscripción Digital + Impresa:** $125

Ariely probó esta oferta con sus alumnos. El 84% eligió la opción 3 (Digital + Impresa). El 16% eligió la opción 1 (Digital). **Absolutamente nadie eligió la opción 2 (Impresa sola).**

Si nadie elegía la opción 2, Ariely decidió eliminarla para "simplificar" el catálogo. Quedaron así:

1. Suscripción Digital: $59
2. Suscripción Digital + Impresa: $125

¿Qué ocurrió con las ventas? **Se invirtieron por completo.** El 68% eligió la opción barata ($59) y solo el 32% eligió la cara ($125). La empresa perdió miles de dólares en rentabilidad potencial.

¿Por qué? Porque la opción de "Impresa sola a $125" no estaba ahí para ser comprada. **Estaba ahí para ser un señuelo visual.**

El concepto de Dominancia Asimétrica en el E-Commerce

El señuelo funciona gracias a un fallo en nuestro software mental llamado *sesgo de dominancia asimétrica*.

Cuando le presentas a un comprador dos opciones (una barata y básica, otra cara y completa), el cerebro duda. Es una decisión difícil porque ambas tienen pros y contras. Pero cuando introduces una tercera opción (el señuelo) que es **descaradamente inferior a la opción completa, pero cuesta casi lo mismo,** la opción más cara se convierte instantáneamente en una oferta irresistible. El cerebro deja de pensar en el gasto y se enfoca en "la victoria" de haber encontrado una ganga dentro de tu propia tienda.

Cómo construir tu propia trampa de valor (Framework de 3 Opciones)

Para aplicar esto en la venta de tus productos (ya sean kits físicos, paquetes de libros, o herramientas de software), necesitas estructurar tus listados en tres niveles estratégicos. Tu objetivo nunca es vender los tres por igual; tu objetivo es desviar el tráfico masivo hacia **la opción más rentable para ti.**

Hagamos el ejercicio con un producto físico, por ejemplo, un kit especializado (como un set de herramientas de topografía o un equipo completo de pesca deportiva):

Arquitectura de la Oferta	Opción 1: El Básico (Ancla Baja)	Opción 2: El Señuelo (La Trampa)	Opción 3: El Premium (Tu Objetivo)
El Propósito Oculto	Captar a los cazagangas y establecer el	Hacer que la opción Premium parezca una	Es el producto que realmente quieres vender y

Arquitectura de la Oferta	Opción 1: El Básico (Ancla Baja)	Opción 2: El Señuelo (La Trampa)	Opción 3: El Premium (Tu Objetivo)
	piso del precio.	oferta absurda e irresistible.	donde tu margen neto es perfecto.
El Precio	$45	$80	$85 *(Solo $5 más que el Señuelo)*
El Contenido del Producto	Solo el artículo principal. Sin accesorios, sin estuche, versión estándar.	Artículo principal + 1 accesorio menor.	El artículo principal + Set completo de accesorios + Estuche rígido premium + Guía avanzada.
La Reacción del Cerebro	*"Es económico, pero viene desnudo. Necesitaré comprar los accesorios por separado después."*	*"Viene con un accesorio, pero por $80 dólares no parece un trato tan bueno en comparación."*	*"¡Es una locura! Por solo $5 dólares más que el anterior, me llevo el paquete completo de lujo. Sería tonto no aprovecharlo."*

Analicemos la trampa neurológica:

- Si solo mostraras el kit Premium de $85, el cliente lo compararía con herramientas chinas de $30 en otras tiendas y le parecería caro.
- Al poner el Señuelo de $80 (con mucho menos valor), el cliente ya no compara tus $85 con otras tiendas. Los compara con tus propios $80.
- El cliente no elige el paquete Premium porque sea barato. **Lo elige porque el contexto matemático que tú diseñaste le hace sentir que está burlando al sistema y tomando la decisión más astuta posible.**

Los 3 errores letales al diseñar tu señuelo de productos

Muchos vendedores intentan aplicar la estrategia de *bundles* o paquetes y fracasan porque cometen uno de estos tres errores críticos en la arquitectura de su tienda:

1. **Hacer el señuelo demasiado atractivo:** Si la opción del medio resuelve el problema principal del usuario con comodidad, la comprarán. El señuelo debe ser viable, pero debe tener un déficit evidente (le falta un accesorio clave, no tiene estuche, es una versión digital en lugar de física) que empuje al comprador hacia la opción Premium.
2. **Mucha diferencia de precio entre el Señuelo y el Premium:** Si el Básico cuesta $20, el Señuelo $40 y el Premium $75, no hay efecto señuelo. El salto financiero es demasiado grande. La diferencia de precio entre la trampa y tu objetivo final debe ser lo suficientemente pequeña (apenas unos dólares) para que el salto parezca obvio y justificado (*"Por un 10% más de dinero, me llevo el doble de producto"*).
3. **Añadir una cuarta, quinta o sexta variación:** La regla de oro es el número tres. Si pones seis variaciones de color, tamaño y accesorios en la misma página, activas la *Paradoja de la Elección*. El exceso de opciones paraliza a la corteza prefrontal. Ante la duda y la fatiga de evaluar tantas

variables, el comprador cerrará la pestaña sin añadir nada al carrito.

Resumen Táctico de Ejecución

Tu próximo lanzamiento de producto no puede salir al mercado con un solo botón de compra. A partir de hoy, vas a diseñar la arquitectura de tus precios usando este modelo mental:

1. **Define tu Objetivo de Margen:** Decide exactamente qué versión de tu producto (el *bundle* o kit) quieres vender en masa y ponle tu precio ideal (ej. $65). Este será tu paquete **Premium**.
2. **Crea el Ancla Básica:** Ofrece una versión completamente despojada del producto a un precio que llame la atención de los compradores de bajo presupuesto (ej. $35).
3. **Inyecta el Señuelo:** Diseña un paquete intermedio que carezca de los accesorios más valiosos pero ponle un precio incómodamente cercano a tu Premium (ej. $59).
4. **Presenta y Calla:** Pon las tres opciones lado a lado en tu página de producto y deja que el cerebro racional del comprador descubra por sí solo que la opción Premium de $65 es "la única decisión lógica e inteligente".

Capítulo 10: El Sesgo de Rareza (Lo Escaso Vale Más)

Urgencia, exclusividad y disponibilidad limitada aplicados éticamente a la venta de productos.

En el mundo del comercio electrónico y la venta de productos físicos o digitales, tener un "inventario infinito" no comunica éxito; comunica que tu producto es un *commodity* del montón. El cerebro humano está biológicamente programado para desear lo que es difícil de conseguir y subestimar lo que abunda. Aquí descubrirás cómo usar el *Sesgo de Rareza* para transformar tus productos en artículos codiciados, elevando el valor percibido y acelerando el paso por el carrito de compras sin recurrir a tácticas engañosas.

El síndrome del inventario infinito

Piensa en la última vez que navegaste por una tienda en línea y encontraste un artículo interesante. Lo miraste, revisaste el precio, te gustó, pero al ver que la tienda tenía disponibilidad ilimitada, pensaste: *"Lo dejo en el carrito y lo compro el próximo mes"*.

Ese producto acaba de convertirse en una víctima del inventario infinito.

En economía básica, esto se conoce como la paradoja del valor (el diamante frente al agua). El agua es vital para sobrevivir, pero es barata porque abunda. Los diamantes no tienen una utilidad vital, pero cuestan fortunas porque son escasos. En el mercado, **tú eres quien decide si vas a vender agua o vas a vender diamantes.** Y esa decisión se comunica a través de cómo gestionas tu *stock* y tus lanzamientos.

La neurociencia de la supervivencia (El FOMO en el e-commerce)

El *Sesgo de Rareza* o Escasez no es un truco moderno de Shopify; es un mecanismo de supervivencia evolutiva.

En la prehistoria, si un recurso era escaso (una fuente de alimento), nuestro cerebro liberaba adrenalina y cortisol, obligándonos a actuar de inmediato para asegurarlo antes de que alguien más lo tomara. Hoy, nuestra amígdala sigue reaccionando de la misma manera ante una etiqueta de "Últimas unidades".

Cuando un comprador percibe que el producto se está agotando, se activa el **FOMO** (*Fear Of Missing Out* o Miedo a Quedarse Afuera). Este gatillo desactiva la procrastinación lógica de la corteza prefrontal (*"déjame pensarlo, voy a comparar precios en otra tienda"*) y activa el sentido de urgencia emocional (*"tengo que asegurar el mío ahora o lo pierdo"*).

Pero aquí es donde la mayoría de las tiendas online arruinan la estrategia: confunden la escasez con la mentira.

La trampa de la urgencia falsa (Cómo destruir el valor de tu marca)

El mercado de productos está infectado de lo que los analistas llaman *Fake Scarcity* (Escasez Falsa).

- Un reloj de cuenta regresiva genérico en la página del producto que, al llegar a cero, se reinicia mágicamente.
- Un texto rojo que dice "¡Solo quedan 2 en stock!" para un producto de *dropshipping* que viene de fábricas internacionales masivas.
- Un pop-up constante que dice "Alguien en Madrid acaba de comprar esto" generado por un bot.

El consumidor de hoy está entrenado para detectar estas tácticas de inmediato. Cuando el cerebro del cliente detecta escasez falsa, la ínsula registra indignación y engaño. Una vez que te perciben como un comercio manipulador, la confianza se rompe y el valor de tu marca cae al suelo.

La escasez real en productos debe ser lógica, verificable y, sobre todo, **ética**.

Los 3 Ejes de la Escasez Ética para Productos (Framework de Aplicación)

Para aplicar la rareza a tu catálogo sin perder elegancia, debes estructurar tus lanzamientos y disponibilidad alrededor de tres ejes comprobables.

Tipo de Escasez	Cómo NO hacerlo (Falso/Desesperado)	Cómo SÍ hacerlo (Ético y Autoridad)
1. Escasez de Inventario (Lotes/Drops)	Mostrar un "Últimas 3 unidades" perpetuo en un producto de producción masiva.	Crear lotes de producción limitados. *"Edición de lanzamiento: Solo se han fabricado 500 unidades de esta serie. Una vez agotadas, el molde se retira."*
2. Escasez de Tiempo (Ventanas de Venta)	Un banner de "Oferta termina hoy" que sigue activo todos los días del año.	Retirar el producto del mercado estratégicamente. *"Esta colección especial solo está disponible durante la temporada de torneos, del 1 al 15 de marzo."*
3. Escasez de Acceso (Exclusividad)	Darle un descuento "exclusivo" a todo el que entra a la web.	Limitar quién puede comprar primero. *"Acceso anticipado de 48 horas únicamente para los suscriptores de nuestra lista VIP, antes*

Tipo de Escasez	Cómo NO hacerlo (Falso/Desesperado)	Cómo SÍ hacerlo (Ético y Autoridad)
		de abrir el inventario al público general."

Analicemos la psicología detrás de los ejes correctos con escenarios reales:

- **Limitar tu inventario (El modelo "Drop"):** Imagina una tienda especializada en equipos y suministros de pesca deportiva. Si venden una fórmula de carnada fermentada de alto rendimiento y siempre hay miles en stock, el cliente no tiene prisa. Pero si anuncian un lote especial de solo 50 botes preparados específicamente para la temporada alta de torneos, el inventario se agota en horas. El cliente siente que está adquiriendo una ventaja competitiva exclusiva.
- **Limitar el tiempo (El modelo "Bóveda"):** Disney dominó esto durante años metiendo sus películas en la "bóveda" y sacándolas a la venta solo por unos meses. Si tu producto solo se puede comprar durante dos semanas al año, el consumidor no discute el precio.
- **Limitar el acceso (El modelo VIP):** Imagina el lanzamiento de una nueva serie de cuentos ilustrados infantiles. En lugar de simplemente lanzar el libro en la plataforma con disponibilidad inmediata para todo el mundo, ofreces una primera edición en tapa dura y numerada *solo* a los lectores que compraron la saga anterior. Inviertes la polaridad de la venta: el cliente se siente privilegiado por tener el derecho a comprar.

Cómo inyectar rareza en tus descripciones de producto

La forma en que redactas el *copy* de tu tienda es vital. Nunca uses mayúsculas exageradas ni signos de exclamación innecesarios.

Ejemplo para la ficha de un producto premium:

"Este artículo ha sido diseñado con especificaciones técnicas rigurosas y materiales de alta densidad. Debido a lo exhaustivo de nuestro control de calidad, nuestra capacidad de producción está limitada a lotes de 200 unidades por trimestre.

Actualmente estamos despachando el Lote #04. Si el botón de compra está activo, significa que aún hay unidades disponibles para envío inmediato. Si aparece en gris, te invitamos a unirte a la lista de espera para el Lote #05 del próximo trimestre."

Fíjate en lo que acabas de hacer:

1. Justificaste lógicamente por qué hay pocos (control de calidad, proceso meticuloso).
2. Le diste un estatus de coleccionista al producto (Lote #04).
3. Demostraste desapego total al informarle con calma que, si se agota, simplemente tendrá que esperar tres meses.

El bono físico de acción rápida

Si tienes un gran volumen de inventario que necesitas mover rápidamente sin rebajar el precio base del producto, la mejor forma de aplicar escasez ética es limitar los **bonos adicionales**, no el producto central.

- *"El artículo principal siempre formará parte de nuestro catálogo permanente. Sin embargo, las primeras 100 órdenes de este mes incluirán de forma gratuita un estuche de viaje rígido y un manual impreso de optimización avanzada. Una vez cruzada la orden #100, el estuche pasará a venderse por separado a su precio regular."*

La urgencia por pasar por caja es real, el límite numérico es comprobable y el cliente siente un impulso inmediato por actuar para llevarse el máximo valor posible.

Resumen Táctico de Ejecución

Antes de tu próximo lanzamiento o de rediseñar tu tienda online, aplica estas tres reglas de hierro:

1. **Mata el inventario plano:** Evita que tus mejores productos parezcan infinitos. Crea variaciones, ediciones de temporada o empaques especiales de tirada corta para inyectar coleccionismo y urgencia real.
2. **Premia la fidelidad con exclusividad:** Nunca abras tus mejores lanzamientos al público general desde el día uno. Crea "listas de espera" o "clubes VIP" donde la moneda de cambio para entrar antes sea simplemente un correo electrónico.
3. **Justifica la escasez:** El cerebro necesita una razón lógica para creer que quedan pocos. Si quedan pocas unidades, explica por qué (materiales difíciles de conseguir, manufactura artesanal, picos de demanda estacional). La razón valida la urgencia.

Capítulo 11: El Precio Impar y la Magia del 9

$997 vs $1.000. Cuándo funciona y cuándo destruye tu posicionamiento.

Llevas toda tu vida viendo precios que terminan en 9. Te los han enseñado como el truco definitivo del marketing. Sin embargo, en el ecosistema de los servicios de alto valor y los negocios digitales *premium*, aplicar ciegamente la "regla del 9" puede ser el error de comunicación más grave de tu propuesta. Aquí aprenderás exactamente cómo tu cliente procesa los números impares, y cuándo usar $997 es un movimiento maestro o un suicidio de marca frente a un rotundo $1.000.

El truco más viejo (y peor comprendido) del mercado

Abre cualquier tienda en línea, mira el escaparate de un centro comercial o revisa los anuncios en tus redes sociales. El paisaje numérico es monótono: $9.99, $49, $199, $997.

Esta práctica, conocida como *Charm Pricing* (precios de encanto), está tan arraigada en el comercio global que muchos emprendedores, dueños de agencias y consultores la aplican en automático. Terminan su propuesta de servicios, calculan que el valor es de tres mil dólares, e inmediatamente lo cambian a $2.997 pensando: *"Así se ve más barato y me compran más"*.

Es un reflejo condicionado. Y como todo reflejo que se aplica sin estrategia, a veces acierta, pero muchas otras veces dispara en el pie a quien lo usa.

Para dominar la arquitectura de precios, debes dejar de copiar lo que hace el supermercado y entender qué ocurre realmente en las neuronas de tu cliente cuando se enfrenta a un número terminado en 9 frente a un número redondo.

La neurociencia del "Efecto del Dígito Izquierdo"

El cerebro humano lee y procesa los números de izquierda a derecha. Pero no los procesa como una computadora; los procesa con urgencia y pereza cognitiva.

Cuando los ojos de tu cliente ven un precio de **$997**, el cerebro no espera a leer los últimos dos dígitos para formarse una opinión. Se ancla inmediatamente en el dígito de la izquierda: el **9**. Aunque la diferencia con $1.000 sea de unos irrelevantes tres dólares, el cerebro clasifica emocionalmente los $997 en la categoría de los "novecientos" y no en la categoría de los "mil".

Este fenómeno se llama *Efecto del Dígito Izquierdo*. Reduce drásticamente la percepción de "dolor de pago" porque el salto psicológico de 3 a 4 cifras (de cientos a miles) se siente masivo.

Si la ciencia dice que $997 se percibe significativamente más barato que $1.000, la lógica dictaría que siempre debes usar el 9. Pero aquí es donde la psicología de ventas de alto nivel da un giro inesperado.

Tú no siempre quieres que tu servicio se vea barato.

La dicotomía: Compras Lógicas vs. Compras Emocionales

Los investigadores Monica Wadhwa y Kuangjie Zhang descubrieron un patrón fascinante en el comportamiento de los consumidores: los números redondos y los números precisos/impares activan circuitos cerebrales completamente distintos.

1. **El Circuito Racional (Precios Impares):** Los precios como $97, $499 o $997 obligan al cerebro a hacer un micro-cálculo. Al no ser números "limpios", activan la corteza prefrontal (la lógica). El cerebro asume que ese número es el resultado de un cálculo ajustado al máximo. Comunica: *"Esto es una ganga"*, *"Esto es un descuento"*, *"Este es el mejor trato financiero posible"*.

2. **El Circuito Emocional (Precios Redondos):** Los precios limpios como $1.000, $5.000 o $10.000 son procesados con total fluidez. No requieren esfuerzo cognitivo. Se sienten "completos" y se procesan en el sistema límbico (emociones). Un número redondo comunica: *"Esto es calidad absoluta"*, *"Esto es un estatus premium"*, *"Esto es seguro"*.

Cuándo el "9" destruye tu posicionamiento

Imagina que eres el director de una empresa a punto de contratar a un consultor externo para resolver una crisis estructural que te está costando medio millón de dólares al año.

El consultor presenta una propuesta impecable. Proyecta autoridad, método y resultados. Al llegar a la diapositiva final de la inversión, el número dice: **$9.997**.

En una fracción de segundo, la autoridad construida se tambalea. El cerebro del director detecta una incongruencia. Si este consultor es un cirujano de los negocios, ¿por qué está usando trucos de infomercial de madrugada para rascar una venta? ¿Por qué necesita devolverme 3 dólares de cambio en una transacción de diez mil?

En servicios B2B, consultoría de alto nivel o agencias que venden transformación profunda, **el 9 transmite necesidad**. Grita "descuento". Y nadie quiere comprar un paracaídas en descuento.

Cuando vendes a precios *premium,* tu cliente no está buscando la opción más económica; está buscando la opción más segura y con mayor estatus. Un precio de **$10.000** redondos transmite una confianza inquebrantable. Dice en silencio: *"Mi servicio vale exactamente esto. No necesito manipular tu percepción con centavos".*

Cuándo el "9" o el "7" es tu mejor arma

Descartar los precios de encanto sería un error garrafal. Son devastadoramente efectivos, pero solo en los entornos correctos.

El precio impar funciona como magia cuando el volumen de ventas, la fricción de compra o el formato del producto lo exigen:

- **Infoproductos y Cursos Digitales:** Un programa grabado en video de $997 se vende exponencialmente mejor que uno de $1.000. ¿Por qué? Porque en la educación digital de consumo masivo, el usuario sí está buscando la sensación de haber aprovechado una oferta, y la barrera de las tres cifras ($997 en lugar de $1.000) mantiene el producto en el umbral de las "compras impulsivas justificables".
- **Suscripciones y Software (SaaS):** Pagar $49 al mes tiene una tasa de conversión mucho mayor que $50. En gastos recurrentes, el cerebro acumula el dolor mes a mes. El Efecto del Dígito Izquierdo aquí es un anestésico necesario.
- **Servicios B2B Escalables o Auditorías de Entrada:** Si vendes un servicio "producto" estandarizado (por ejemplo, una auditoría técnica inicial), usar un precio como $497 reduce la fricción para que un cliente frío abra su billetera por primera vez.

El Framework de Decisión: Redondo vs. Preciso

A partir de hoy, tus tarifas dejan de ser una corazonada matemática. Vas a aplicar esta matriz de decisión para saber exactamente qué formato numérico utilizar en tus propuestas:

Tipo de Precio	Formato Numérico	Cuándo Usarlo	Qué Percibe el Cliente
El Precio de Encanto	$97 / $497 / $997	Infoproductos, suscripciones, tickets bajos y medios, comercio electrónico masivo.	*"Es un buen trato. Es una ganga calculada para mi beneficio."*

Tipo de Precio	Formato Numérico	Cuándo Usarlo	Qué Percibe el Cliente
El Precio Quirúrgico	$4.235 / $12.860	Proyectos B2B altamente personalizados (desarrollo web a medida, implementaciones técnicas largas).	*"El proveedor analizó cada variable de mi proyecto. Es un cálculo exacto de horas y recursos."*
El Precio de Prestigio	$1.000 / $5.000 / $25.000	Consultoría de élite, *retainers* de agencia premium, servicios de estatus y transformación de alto valor.	*"Es una marca de autoridad. Saben lo que valen y no se disculpan por ello."*

(Nota técnica: En el Precio Quirúrgico, usar números no redondeados y aparentemente aleatorios —como $4.235 en lugar de $4.200— desarma las objeciones de precio en propuestas personalizadas corporativas. El cliente siente que es imposible regatear un número que fue calculado con tanta meticulosidad).

Resumen Táctico de Ejecución

1. **Audita tu catálogo actual:** Si vendes un servicio de agencia, acompañamiento directo o consultoría de transformación profunda que supere los $1.000, elimina los 9s y los 7s de tu propuesta final. Pásate a los números redondos hoy mismo. Ganarás autoridad instantánea.

2. **Alinea la fricción con la emoción:** Si el objetivo es que el cliente compre rápido, con un solo clic y sin hablar contigo (productos digitales), usa $997. Si el objetivo es que el

cliente confíe en tu método tras una reunión uno a uno, usa $1.000.

3. **No mezcles los idiomas numéricos:** Si tu propuesta incluye un ancla muy alta (ej. $10.000) y luego ofreces un paquete más accesible, no rompas la congruencia bajando a $2.997. Mantén el formato de prestigio y ponlo en $3.000. La coherencia estética del número sostiene tu posicionamiento de marca.

Capítulo 12: El Efecto Halo (Tu Imagen Fija tu Precio)

La percepción visual de tu marca determina cuánto pueden pagarte.

Existe un atajo mental en el cerebro humano que vincula automáticamente la belleza exterior con la calidad interior. Se llama el *Efecto Halo*. En el comercio de productos, este sesgo cognitivo dicta que un empaque impecable, una fotografía de calidad cinematográfica o un diseño de listado superior justifican matemáticamente un precio más alto. Aquí aprenderás por qué el diseño no es decoración, sino tu argumento de ventas más rentable.

El juicio de los milisegundos

Imagina que estás navegando en internet buscando unos auriculares inalámbricos. Encuentras dos opciones que tienen exactamente las mismas especificaciones técnicas de audio, la misma duración de batería y el mismo chip interno.

- **Producto A ($25 dólares):** La foto principal está ligeramente pixelada, el fondo no es del todo blanco, el logotipo parece hecho en cinco minutos y la descripción tiene una falta de ortografía leve.
- **Producto B ($120 dólares):** La foto principal es un render en 3D hiperrealista con iluminación perfecta. El logotipo transmite minimalismo, la tipografía de la caja es elegante y la página web carga al instante con animaciones fluidas.

A nivel racional, el Producto B hace exactamente lo mismo que el Producto A. Sin embargo, el cerebro del consumidor no opera de forma racional. Al ver el Producto B, el comprador asume inmediatamente que el sonido será superior, que los materiales son más duraderos y que la garantía es más confiable.

Paga casi cinco veces más por las mismas especificaciones. ¿Por qué? Porque la imagen externa contaminó positivamente su juicio sobre la calidad interna.

La neurociencia de la belleza: El Efecto Halo

En 1920, el psicólogo Edward Thorndike descubrió un fallo fascinante en la forma en que los humanos evaluamos a los demás. Notó que si una persona poseía un rasgo positivo muy destacado (como ser físicamente atractiva), los evaluadores automáticamente asumían que también era inteligente, amable y honesta, sin tener ninguna prueba de ello.

Este sesgo cognitivo se conoce como el **Efecto Halo** ("lo bello es bueno"). El cerebro es perezoso; en lugar de analizar todas las variables de forma independiente, toma la impresión más fuerte (la visual) y la extiende al resto del conjunto.

En el comercio de productos físicos y digitales, el Efecto Halo es la razón exacta por la que marcas como Apple pueden cobrar márgenes obscenos por un hardware que, pieza por pieza, cuesta una fracción de su precio de venta. El peso de la caja, la textura del cartón, el deslizamiento milimétrico al abrir el empaque... todo el ecosistema visual grita *"perfección"*. Y si la caja es perfecta, el cerebro asume que la placa base también lo es.

El Efecto Cuernos: Cómo el descuido destruye tu margen

Lamentablemente, el Efecto Halo también funciona a la inversa. Se le conoce como el *Efecto Cuernos* (Horns Effect). Si un solo detalle visual de tu producto o listado transmite mediocridad, el cerebro del comprador extenderá esa mediocridad a todo el artículo.

- Vendes un curso digital con un contenido revolucionario, pero el video está grabado con el micrófono de la computadora portátil y hay eco en la habitación. **El comprador asume que la información no vale nada y exige un reembolso.**
- Vendes un cebo de pesca deportiva de altísima efectividad, pero lo envías en una bolsa de plástico genérica cerrada con una grapa. **El cliente asume que es un producto aficionado y no pagará un precio premium por él.**

- Vendes un libro con un sistema matemático avanzado, pero la tipografía de la portada está estirada y los márgenes están desalineados. **El lector asume que el método del interior está igual de desordenado.**

En internet, tu cliente no puede tocar, oler ni probar tu producto antes de pasar la tarjeta. **La imagen no es la envoltura de tu producto; en el momento de la venta, la imagen ES tu producto.**

El Framework del Halo: 3 Pilares para elevar tu precio percibido

Para que este sesgo cognitivo trabaje a tu favor y justifique etiquetas de precio alto en tu catálogo, debes blindar tres niveles de tu presentación visual:

Nivel de Impacto	El Error Común (Mata el Margen)	La Ejecución Halo (Sube el Precio)
1. Fotografía y Renders	Fotos tomadas con el teléfono, con mala iluminación, fondos ruidosos o sombras duras.	Imágenes con iluminación de estudio, *mockups* hiperrealistas y renderizados 3D que muestran texturas y detalles microscópicos.
2. Identidad Tipográfica y Copy	Uso de múltiples fuentes gratuitas, textos amontonados y lenguaje descriptivo aburrido.	Jerarquía visual clara. Tipografías seleccionadas para transmitir lujo o tecnología. Textos formateados con viñetas limpias y negritas estratégicas.
3. La Experiencia de	El producto llega en una caja de	El producto digital se entrega en un *dashboard* privado e

Nivel de Impacto	El Error Común (Mata el Margen)	La Ejecución Halo (Sube el Precio)
Desempaque (Unboxing)	cartón reciclado genérica, sin notas, sin instrucciones claras.	intuitivo. El producto físico llega en empaque personalizado, con una nota de agradecimiento en papel texturizado de alto gramaje.

La ilusión de la "calidad intrínseca"

Muchos creadores y vendedores se frustran porque saben que su producto es superior al de la competencia, pero ven cómo el competidor vende diez veces más cobrando el doble.

Se dicen a sí mismos: *"Mi fórmula es mejor", "Mi código es más limpio", "Mi material es más resistente"*.

La cruda verdad del mercado es que **la calidad intrínseca de un producto no existe hasta que el cliente lo usa**. Durante el proceso de compra, la única calidad que existe es la "calidad percibida". Y la calidad percibida depende al 100% de la estética de tu listado, el peso de tu marca y la fricción de tu proceso de compra.

Si tu producto es un 10/10 pero tu empaque y tu página web son un 4/10, a los ojos del mercado tu producto es un 4/10. Tu etiqueta de precio quedará encadenada a ese número.

Tu marca es un atajo cognitivo

Cuando construyes un Efecto Halo constante alrededor de todos los artículos de tu tienda, ocurre algo mágico: tu propia marca se convierte en el ancla.

Ya no necesitas convencer al cliente del valor de tu próximo lanzamiento. Cuando saques un nuevo producto, los compradores asumirán por defecto que es extraordinario simplemente porque lleva tu logotipo. El Efecto Halo transfiere la autoridad construida en el pasado a tu nuevo artículo.

La confianza se vuelve tu activo más caro. Y la confianza en el comercio digital entra por los ojos.

Resumen Táctico de Ejecución

1. **Audita tu escaparate:** Abre la página principal de tu tienda o tu listado de productos como si fueras un extraño absoluto. Identifica el elemento visual más débil (¿una miniatura pixelada?, ¿un banner desactualizado?). Ese elemento está bajando el techo de precio de todo tu catálogo. Elimínalo o mejóralo hoy.
2. **Invierte en el envase:** Sea físico o digital, el empaque justifica el margen. Contrata a un profesional para hacer *renders* 3D de tus productos, diseña portadas cinemáticas y asegúrate de que el primer contacto visual del cliente grite "alta gama".
3. **Mantén la congruencia:** El Efecto Halo requiere coherencia total. Si tu portada es elegante, tu descripción debe tener un tono elegante y tu correo de confirmación de compra debe estar formateado con elegancia. Una sola grieta visual rompe el encanto.

Capítulo 13: El Sesgo de Confirmación del Comprador

Tu cliente ya decidió antes de hacer clic. Cómo alimentar esa decisión.

Creemos que los consumidores evalúan los productos de forma objetiva, poniendo los pros y los contras en una balanza antes de sacar la tarjeta de crédito. La neurociencia demuestra que esto es una fantasía. En la inmensa mayoría de las compras en línea (especialmente las de alto valor o de nicho), el comprador ya tomó una decisión emocional instintiva antes de leer tu listado. Aquí descubrirás cómo usar el *Sesgo de Confirmación* para entregarle exactamente la "munición lógica" que su cerebro necesita para justificar la compra que ya desea hacer.

La ilusión de la compra racional

Imagina a un aficionado a la pesca deportiva navegando en su teléfono. Ha tenido una mala racha en sus últimos torneos y está desesperado por un cambio. De repente, ve la miniatura de tu producto: una fórmula de cebo hiper-fermentada con un precio *premium* y un empaque oscuro, casi táctico.

La imagen, el precio alto y la exclusividad del diseño activan su sistema límbico. En un milisegundo, su cerebro emocional dice: *"Esto es exactamente lo que necesito para sacar el trofeo este fin de semana"*.

La decisión de compra acaba de ocurrir.

Pero él aún no pulsa el botón de "Añadir al Carrito". En su lugar, entra a la página del producto y empieza a hacer *scroll*, leyendo obsesivamente la descripción técnica, los ingredientes y las reseñas.

¿Qué está haciendo realmente? No está buscando "la verdad". No está evaluando opciones de forma neutral. Está buscando evidencia que confirme la decisión emocional que ya tomó, y está ignorando activamente cualquier información que le diga lo contrario.

A este fallo en el software humano se le llama **Sesgo de Confirmación**.

El cerebro como abogado defensor

El psicólogo Jonathan Haidt utiliza una analogía brillante para explicar cómo procesamos la información: el cerebro emocional es un elefante enorme, y el cerebro racional (la corteza prefrontal) es el pequeño jinete montado sobre él.

Creemos que el jinete dirige, pero cuando el elefante decide ir hacia un lado (por deseo, miedo o instinto), el jinete no tiene la fuerza para detenerlo. ¿Qué hace entonces el jinete? Se dedica a inventar excusas brillantes para explicar ante los demás por qué ir en esa dirección era una excelente idea desde el principio.

En el comercio electrónico, tu comprador funciona como un abogado defensor. Una vez que su "elefante" se enamora de tu producto (por el Efecto Halo, la escasez o el anclaje de precios visual), su "jinete" se pone a trabajar. Buscará cualquier dato, viñeta o reseña en tu página para armar un caso legal que justifique gastar ese dinero.

Tu trabajo en el listado de producto no es convencer al elefante (eso ya lo hizo la primera impresión). **Tu trabajo es darle argumentos legales al jinete.**

Cómo alimentar el Sesgo de Confirmación en tu catálogo

Si sabes que tu comprador entra a tu página buscando desesperadamente razones para decir que "sí", tu redacción comercial (*copywriting*) debe estructurarse para entregarle esa munición en bandeja de plata.

Aquí tienes las tres categorías de "munición" que el cerebro racional necesita para justificar una compra impulsiva o de alto valor:

1. La Justificación del Retorno de Inversión (El argumento financiero)

Nadie quiere sentirse como un derrochador o un comprador compulsivo. El usuario necesita poder decirse a sí mismo (o a su cónyuge) que esta compra es, en realidad, un ahorro inteligente.

- **Si vendes un manual avanzado de sistemas para ruleta o póker:** El comprador emocionalmente ya se visualizó ganando en el casino. El sesgo de confirmación necesita la lógica matemática. *Munición:* "Este sistema cuesta lo equivalente a dos manos perdidas en la mesa de ciegas bajas. Al aplicar la matriz de probabilidad en tu primera sesión, el libro se paga a sí mismo antes de terminar la noche".
- **El Efecto:** El cerebro racional respira aliviado. La compra "cara" acaba de ser reclasificada como una "inversión de recuperación inmediata".

2. La Justificación de la Durabilidad y Calidad (El argumento técnico)

Cuando un producto cuesta más que el promedio de la tienda, el comprador necesita hechos técnicos, por más aburridos que parezcan, para justificar el gasto extra. No los va a leer a fondo, pero **necesita saber que están ahí**.

- *Munición:* Incluir diagramas cruzados, listas de materiales de alta densidad (ej. "aluminio de grado aeroespacial"), o explicar el riguroso proceso de control de calidad en 5 pasos para tu producto.
- **El Efecto:** El comprador no es un ingeniero en materiales, pero al ver las especificaciones técnicas densas, su sesgo de confirmación valida su instinto: *"Tiene sentido que cueste $150 dólares. Mira toda la tecnología que lleva dentro"*.

3. La Justificación de la Identidad (El argumento del estatus)

Los humanos compramos productos físicos y digitales para confirmar la identidad que deseamos proyectar al mundo. El comprador elige tu artículo *premium* porque quiere sentirse como un profesional, no como un novato.

- *Munición:* Redactar el texto asumiendo que el cliente pertenece a una élite. *"Diseñado exclusivamente para competidores de alto rendimiento que no dejan su resultado al azar" o "Para padres que exigen un estándar superior en el desarrollo cognitivo de sus hijos".*
- **El Efecto:** El comprador lee esto y su cerebro confirma: *"Yo soy un competidor serio (o un gran padre), por lo tanto, este producto es exactamente lo que me corresponde comprar".*

El peligro de la "disonancia cognitiva" (Cómo perder una venta cerrada)

Existe una forma letal de arruinar el sesgo de confirmación, y muchos creadores de productos la cometen sin darse cuenta al configurar sus tiendas. Se llama *disonancia cognitiva*, y ocurre cuando le presentas al comprador información que choca violentamente con la decisión que ya había tomado.

Imagina que un comprador entra a tu listado dispuesto a comprar tu producto estrella de $100 dólares porque la portada y las imágenes proyectan una autoridad masiva. Está buscando la "munición lógica" en tu descripción. Pero de repente, en la misma página, ofreces un banner rojo parpadeante con un 60% de descuento y un texto que dice "¡Liquidación total por falta de stock!".

Cortocircuito neurológico.

El elefante quería estatus. El jinete buscaba justificaciones técnicas. Y tú acabas de gritar que tu producto es mercancía de saldo estancada. El sesgo de confirmación se rompe, la confianza se desploma y el comprador abandona el carrito porque lo que lee no coincide con lo que sintió inicialmente.

Tu mensaje, tu precio, tus imágenes y tus garantías deben apuntar siempre en una única dirección para que el cerebro fluya sin fricción hacia la caja registradora.

Capítulo 14: Precio Basado en Valor, No en Costo

La fórmula para calcular lo que realmente vale tu servicio o producto.

El momento en que abres una hoja de cálculo para sumar tus horas de trabajo, tus costos operativos y añadirles un "margen ético" del 30%, es el momento en que has decidido limitar tu crecimiento para siempre. Aquí descubrirás por qué cobrar por lo que te cuesta producir es un castigo a tu propia eficiencia, y aprenderás la ecuación exacta para fijar precios basados en el único número que le importa al cerebro de tu cliente: el retorno de su inversión.

El error de la hoja de cálculo (Cost-Plus Pricing)

Imagina que eres un cirujano cardiovascular de élite. Un paciente llega con una arteria obstruida que amenaza su vida. Te toma exactamente 45 minutos realizar la intervención para salvarlo, porque llevas 20 años perfeccionando tu técnica.

Si aplicaras el modelo de *Precio Basado en Costos* (Cost-Plus Pricing), tu factura se vería así:

- 45 minutos de tu tiempo a tarifa por hora.
- Costo de los materiales quirúrgicos (bisturí, gasas, anestesia).
- Un 20% de margen de ganancia.

El paciente terminaría pagando una miseria por salvar su propia vida. Peor aún: si fueras un cirujano novato, torpe, que tarda 6 horas en hacer la misma operación y comete errores que requieren más gasas y más anestesia, ¡cobrarías mucho más!

Cobrar por costo o por hora es un modelo que castiga la maestría.

En el mundo de los servicios B2B, las agencias y la consultoría, funciona exactamente igual. Si has creado un sistema de captación de clientes, una auditoría técnica o un *funnel* de ventas que puedes implementar en dos días porque eres un experto, cobrar por las horas que te tomó hacerlo es un suicidio financiero.

A tu cliente no le importa tu sudor. No le importa cuánto pagas de alquiler en tu oficina ni cuántas horas pasaste frente al monitor. Le importa exclusivamente una cosa: **dónde estaba antes de contratarte y dónde estará después.**

La Ecuación del Valor Real

Para abandonar el precio por costo y pasar al precio por valor, necesitamos dejar de adivinar y empezar a calcular. La neurociencia del consumidor y la economía conductual nos dicen que el comprador siempre hace un cálculo interno (inconsciente) antes de aceptar un precio.

Podemos estructurar ese cálculo cerebral en una ecuación matemática tangible:

$$V = \frac{I_f + I_e}{R_p + E}$$

Donde:

- V **(Valor Percibido):** Lo que el cliente siente que está comprando.
- I_f **(Impacto Financiero Tangible):** Cuánto dinero extra va a ganar o cuánto dinero/tiempo va a ahorrar.
- I_e **(Impacto Emocional Intangible):** Estatus, tranquilidad, eliminación de estrés o frustración.
- R_p **(Riesgo Percibido):** El miedo a que tu solución no funcione y pierda su dinero.
- E **(Esfuerzo y Fricción):** Cuánto trabajo tiene que hacer el cliente por su cuenta para ver resultados.

Para cobrar tarifas *premium*, tu objetivo no es aumentar artificialmente tu precio, sino **maximizar el numerador (Impacto) y reducir a casi cero el denominador (Riesgo y Esfuerzo).**

Paso 1: Cuantificar el Impacto Financiero (I_f)

Nunca presentes un precio sin antes haber hecho la matemática del dinero junto a tu cliente.

Supongamos que tienes una agencia y tu servicio es optimizar la tasa de conversión (CRO) de un comercio electrónico.

1. **El Diagnóstico:** Descubres que la tienda de tu prospecto factura $50.000 mensuales, pero su tasa de abandono de carrito es del 70% por un mal diseño.
2. **La Proyección:** Tu trabajo puede reducir ese abandono al 50%. Eso significa recuperar $10.000 dólares extra al mes en ventas que hoy se están perdiendo.
3. **El Impacto Financiero:** Tu servicio le generará $120.000 dólares extra en el próximo año.

Ese es tu I_f. El valor de tu servicio no son las 40 horas que pasarás programando. El valor de tu servicio son **$120.000 dólares anuales**.

Paso 2: La Regla del 10x (Fijando el Precio)

Una vez que has cuantificado el impacto financiero que vas a generar o el dinero que le vas a ahorrar a tu cliente, fijar el precio se vuelve un ejercicio de pura lógica comercial.

Aquí entra la **Regla del 10x**: Para que el cerebro de tu cliente (su corteza prefrontal) justifique la compra sin dudar, el Retorno de Inversión (ROI) percibido debe ser idealmente 10 veces mayor que tu precio.

- Si le vas a generar $120.000 dólares de valor en un año...
- Tu precio justo y ético es **$12.000 dólares**.

Cuando le presentas una propuesta de $12.000 dólares a un cliente y le demuestras matemáticamente que esa inversión le retornará $120.000, **tu servicio acaba de volverse gratis en su mente**. Le estás pidiendo que te dé un billete de 10 para devolverle un billete de 100.

Si cobras solo $1.000 por miedo, estás regalando tu rentabilidad. Si cobras $50.000, la ecuación se rompe y el riesgo percibido frena la venta. El ratio 10:1 (o al menos 5:1 en industrias de menor margen) es el punto dulce neurológico donde la venta se cierra sola.

Paso 3: Disminuir el Denominador (El Riesgo y el Esfuerzo)

Puedes prometer un impacto financiero de un millón de dólares, pero si tu cliente siente que hay un 90% de probabilidades de que le falles (Riesgo Alto), o que tendrá que trabajar 20 horas a la semana para implementar tu sistema (Esfuerzo Alto), el Valor Percibido (V) se desploma y te pedirá un descuento.

¿Cómo reduces el denominador para defender tu tarifa *premium*?

Variable del Denominador	Cómo lo arruinas	Cómo lo reduces a cero (Blindaje)
Riesgo Percibido (R_p)	*"Haremos nuestro mejor esfuerzo para subir tus ventas".*	**Garantías Condicionadas:** *"Si no aumentamos tu facturación en un 15% en los primeros 90 días, trabajamos gratis el mes 4 hasta lograrlo".* (Reversión del riesgo).
Esfuerzo (E)	*"Te entregaré un PDF de 80 páginas con la auditoría para que tu equipo la implemente".*	**Modelo "Done-For-You" (Hecho por ti):** *"Mi equipo se integra con tu plataforma, redacta los textos, cambia el código y te entrega el sistema*

Variable del Denominador	Cómo lo arruinas	Cómo lo reduces a cero (Blindaje)
		llave en mano. Tú solo apruebas."

El cliente *premium* no te paga más para que le des más tareas. Te paga más para que le devuelvas su tiempo. Mientras menos esfuerzo requiera tu solución por parte del cliente, más caro puedes (y debes) cobrar.

Cómo aplicar esto si vendes intangibles (Consultoría, Coaching, Diseño)

Es fácil calcular el I_f cuando vendes marketing o ventas. Pero, ¿qué pasa si vendes diseño de marca, consultoría de liderazgo corporativo o un servicio donde el retorno no es inmediatamente monetario?

Aquí es donde entra el **Impacto Emocional Intangible (I_e)**. Tienes que monetizar el dolor.

Pregúntale a tu prospecto:

- *"¿Cuánto les está costando la alta rotación de personal porque los líderes no saben comunicarse?"* (Costo de reclutamiento, tiempo de entrenamiento perdido).
- *"¿Cuántos clientes corporativos no te han devuelto la llamada porque cuando entran a tu web, el diseño los hace sentir que eres una empresa novata?"*

Obliga a tu cliente a ponerle un número al problema intangible. Una vez que él mismo verbalice que su mal diseño de marca le está costando perder clientes *premium*, ya tienes el número contra el cual anclar tu precio.

Capítulo 15: Cómo Diseñar Paquetes Irresistibles

Estructura de tres niveles con lógica psicológica en cada capa.

Entregarle el control absoluto a tu comprador presentándole docenas de opciones a la carta es la forma más rápida de perder una venta por parálisis analítica. Por otro lado, ofrecer una sola opción activa el instinto de rechazo. La respuesta está en la arquitectura del empaquetado (*bundling*). Aquí aprenderás a diseñar una escalera de tres niveles donde cada opción cumple un propósito neurológico específico, guiando a tu cliente de forma invisible hacia el paquete que tú siempre quisiste venderle.

El peligro del menú abierto y la fatiga de decisión

Imagina que entras a un restaurante de lujo y el mesero te entrega un menú de 40 páginas con cientos de ingredientes, pidiéndote que armes tu propio plato desde cero. En lugar de sentirte empoderado, te sentirías abrumado. Tu cerebro consumiría tanta glucosa intentando calcular la combinación perfecta que terminarías pidiendo lo más seguro, lo más barato o, peor aún, yéndote del lugar.

En el comercio de productos digitales, libros o artículos físicos, ocurre exactamente lo mismo. Cuando obligas al comprador a armar su propio carrito eligiendo pieza por pieza, activas la *Fatiga de Decisión*. La corteza prefrontal se satura intentando evaluar el riesgo de equivocarse.

Los compradores de hoy no quieren más opciones; quieren **claridad y dirección**. Quieren que un experto haya hecho el trabajo pesado de pensar por ellos y les presente soluciones empaquetadas. Y el número mágico de la mente humana para procesar opciones sin saturarse es el tres.

La Anatomía de los Tres Niveles

Diseñar paquetes no es simplemente juntar tres productos al azar y sumar sus precios. Es un ejercicio de arquitectura psicológica. Cada nivel en tu propuesta (Básico, Premium, Élite) tiene un trabajo específico que cumplir. No esperas vender los tres por igual; de hecho, dos de esos niveles son simples herramientas de contraste para hacer brillar al tercero.

Veamos la lógica profunda detrás de cada capa:

Nivel de Empaquetado	El Rol Psicológico	El Precio	Lo que Incluye (El Valor)
Nivel 1: El Básico (El Filtro)	Captar al comprador impulsivo de bajo presupuesto y anclar el piso de la transacción.	Rentable, pero con poco margen.	Resuelve el problema de forma parcial o requiere mucho esfuerzo y tiempo por parte del cliente.
Nivel 2: El Premium (Tu Objetivo)	**Ser la decisión "obvia". Es el paquete que diseñas para vender en volumen masivo.**	Ligeramente superior al Básico, pero con un salto masivo en valor.	**La solución completa. Rápida, sin fricción y con los mejores elementos de tu catálogo.**
Nivel 3: El Élite (El Ancla)	Hacer que el paquete Premium se vea barato por contraste. Atrae al 5% de	Asimétricamente alto (3 a 5 veces más que el Premium).	Todo lo anterior más exclusividad total (ej. ediciones limitadas,

Nivel de Empaquetado	El Rol Psicológico	El Precio	Lo que Incluye (El Valor)
	compradores que exigen lujo absoluto.		acceso directo, formato físico premium).

Aplicación Práctica: De la Teoría a la Vitrina

Para entender cómo se construyen estos paquetes sin importar tu nicho, veamos cómo se aplica esta arquitectura en diferentes líneas de productos de alta rentabilidad.

Ejemplo 1: Nicho Técnico y Estratégico

Supongamos que publicas contenido instructivo y manuales de alta gama. Vendes un sistema completo de probabilidad y matemáticas para juegos de casino.

- **Nivel Básico (El Filtro - $29):** El manual principal en formato digital (Mastering Roulette). El cliente tiene la información, pero debe crear sus propias hojas de cálculo para jugar y estudiar solo.
- **Nivel Premium (El Objetivo - $59):** La serie completa que incluye la estrategia de ruleta y los volúmenes de póker, además de plantillas de cálculo automatizadas listas para usar. El salto de precio es pequeño, pero el salto de valor es gigante. El cliente no duda.
- **Nivel Élite (El Ancla - $299):** Toda la biblioteca en tapa dura, enviada a domicilio, más acceso a una comunidad privada de jugadores avanzados y un glosario técnico extenso.

Al ver el paquete de $299, el cerebro del comprador racionaliza que llevarse todo el conocimiento digital por $59 es el robo del siglo.

Ejemplo 2: Nicho Infantil y Entretenimiento

Imagina que gestionas una serie de libros ilustrados para niños, como *Cuentos Mágicos Para Soñar*. El objetivo es aumentar el valor promedio del carrito (AOV) por cada padre que entra a tu tienda.

- **Nivel Básico ($15):** Un solo libro de la serie en tapa blanda.
- **Nivel Premium ($45):** La colección completa de cinco volúmenes en un estuche de regalo. El padre siente que tiene resueltas las rutinas de sueño para los próximos meses.
- **Nivel Élite ($120):** La colección de libros en tapa dura, más los audiolibros narrados con voces de inteligencia artificial inmersivas y efectos de sonido para escuchar en el auto.

El Nivel Élite fija el estatus de tu marca. El padre que solo iba a gastar $15 se siente tonto por no llevarse la colección completa por $45. El Nivel Premium vuelve a ganar.

Los 3 Activadores de Irresistibilidad

Para que tu paquete Premium (Nivel 2) logre conversiones masivas, debe contener tres elementos psicológicos que desactiven cualquier objeción en la mente del comprador:

1. **La Promesa de Velocidad:** El paquete debe prometer explícitamente que el cliente llegará a su objetivo más rápido que si comprara los artículos por separado. El cerebro siempre paga más por atajos de tiempo.
2. **El Efecto de "Pieza Faltante":** Al armar el paquete, no ofrezcas simplemente "más de lo mismo". Agrupa productos que se complementen. Si vendes una herramienta, empaquétala con el manual de uso avanzado. El cliente sentirá que comprar la herramienta sola dejaría el trabajo a medias.

3. **El Nombre del Paquete:** Nunca los llames "Paquete 1, 2 y 3". Los nombres deben dictar la identidad que el comprador desea asumir. Usa títulos como *El Kit de Inicio*, *El Arsenal del Profesional* o *La Colección Definitiva*.

El antídoto contra el comprador paralizado

Cuando ofreces estos tres niveles de forma clara, eliminas la fricción más grande del comercio en línea: obligar al cliente a pensar.

En lugar de que el comprador tenga que deducir qué productos combinan bien, le estás diciendo: *"He analizado este problema miles de veces. Esta es la forma más barata de resolverlo a medias, esta es la forma más exclusiva de resolverlo con lujos, y esta es la forma más inteligente, rápida y eficiente de lograr exactamente lo que quieres".*

El cerebro humano, diseñado biológicamente para ahorrar energía y evitar peligros, tomará el camino del centro casi todas las veces.

Resumen Táctico de Ejecución

Antes de publicar tu próxima oferta o rediseñar tu catálogo, aplica este filtro de arquitectura de precios:

1. **Identifica a tu "Héroe":** Selecciona el producto o *bundle* que te deja el mayor margen de ganancia y que proporciona los mejores resultados a tus clientes. Colócalo en el Nivel 2 (Premium).
2. **Construye el techo:** Crea una versión exageradamente completa y exclusiva de ese mismo producto. Ponle un precio que incluso a ti te ponga nervioso. Este será tu Nivel 3 (Élite). Su único trabajo es existir para que el Nivel 2 se vea accesible.
3. **Desnuda el producto:** Quítale a tu producto estrella todos los accesorios, bonos y facilidades. Déjalo en su expresión más cruda y económica. Este es tu Nivel 1 (Básico).

4. **Alineación visual:** En tu tienda, destaca visualmente el Nivel Premium. Ponle una etiqueta de "El Más Popular" o "Mejor Valor" y haz que el botón de compra sea más llamativo que los demás. Guía los ojos hacia la decisión que ya tomaste por ellos.

Capítulo 16: El Precio Como Herramienta de Posicionamiento

Subir el precio para atraer mejores clientes.

La creencia más tóxica en los negocios es que bajar los precios te hace más competitivo. La realidad es que competir por precio es una carrera hacia el fondo donde el que gana, pierde. En este capítulo descubrirás una verdad contraintuitiva pero respaldada por la economía conductual: el precio no es solo un mecanismo de cobro, es un filtro de posicionamiento. Subir tus tarifas es la forma más rápida y efectiva de espantar a los clientes problemáticos y atraer a compradores serios, comprometidos y listos para actuar.

El mito del cliente "agradecido" por el descuento

Existe una narrativa romántica en las ventas que dice: *Si le cobro barato a este cliente, estará tan agradecido por la oportunidad que será fácil trabajar con él, no dará problemas y me recomendará a otros.*

Cualquiera que haya vendido un servicio profesional o un producto digital sabe que esto es una mentira absoluta.

Por una extraña anomalía psicológica, ocurre exactamente lo contrario. El cliente que te regatea el último centavo, el que compra tu libro solo porque estaba a $0.99, o la empresa que te contrata simplemente porque fuiste el presupuesto más bajo, es invariablemente el cliente que más problemas causa.

- Exigen atención 24/7.
- Cuestionan tu metodología.
- Dejan reseñas negativas por detalles insignificantes.
- Nunca asumen la responsabilidad de implementar lo que les vendes.

¿Por qué? Porque cuando el precio es bajo, el cliente no tiene "piel en el juego" (*skin in the game*). No siente que haya hecho una inversión importante, por lo que no respeta tu tiempo, ni tu producto, ni tu autoridad.

La psicología del Comprador Premium

Cuando decides subir tus precios radicalmente, abandonas el océano rojo de las opciones económicas y entras a la psicología del comprador *premium*. Este tipo de cliente no busca ahorrar dinero; busca **comprar certeza, velocidad y estatus**.

Al pagar un precio alto, el comprador *premium* hace un pacto psicológico consigo mismo: *"Estoy invirtiendo fuerte en esto, así que voy a tomarlo en serio"*.

Veamos cómo esta elevación del posicionamiento cambia por completo la dinámica en tres modelos de negocio radicalmente distintos:

1. En Servicios de Alto Valor (Ejemplo: Ingeniería y B2B)

Imagina que te presentas para dirigir la interventoría y supervisión de un proyecto de infraestructura vial pesado. El cliente necesita garantías de que la estructura de pavimento (con sus centímetros exactos de base granular y asfalto) se ejecutará sin fallos.

Si presentas los honorarios más bajos de la mesa, el cliente corporativo no piensa: *"Qué gran ahorro"*. Su amígdala se enciende y piensa: *"Si cobra tan poco, debe estar recortando personal, le falta experiencia o no va a realizar los controles topográficos con el rigor necesario"*.

En proyectos donde el riesgo financiero de un error es catastrófico, **tu precio alto es la señal que le dice al cliente que su proyecto estará seguro.** El comprador *premium* paga gustoso una tarifa elevada porque está comprando mitigación de riesgos.

2. En Nichos de Consumo Físico (Ejemplo: Pesca Deportiva)

El pescador de fin de semana que va al lago a pasar el rato buscará el equipo más barato en la tienda. Pero el competidor de pesca deportiva que busca capturar especies de alto peso (como una gran cachama) opera bajo otra lógica.

Sabe que en el momento crítico de la tensión, un hilo barato o un equipo deficiente le costará el trofeo. Si le ofreces un carrete de importación o una fórmula atrayente hiper-especializada a un precio alto, no lo ve como un gasto; lo ve como una herramienta de rendimiento. El precio elevado posiciona tu producto como el "equipo de los profesionales". Atrae al cliente que no discute, que valora la tecnología del producto y que sabe exactamente lo que está comprando.

3. En Publicación Digital e Infoproductos (El Ecosistema KDP)

El efecto del precio como filtro es brutalmente visible en los libros de no ficción y manuales técnicos.

Supongamos que publicas un manual revelando la arquitectura matemática detrás de los sistemas de casino, enseñando a dominar la ruleta o las mesas de póker.

- Si lo vendes a **$2.99**, atraes a curiosos que lo hojearán y lo olvidarán, o que te dejarán una mala reseña porque "no ganaron millones el primer día".
- Si ese mismo contenido lo empaquetas con una portada de iluminación cinematográfica, optimizas sus metadatos e indexación, y lo vendes a **$19.99 o $24.99**, el panorama cambia. Atraes a jugadores serios que estudiarán los sistemas, aplicarán las probabilidades matemáticas en las mesas y valorarán la información.

Además, aquí la matemática del posicionamiento es innegable: si tu objetivo es dominar los mercados internacionales (Francia, Italia, Alemania, Australia) y escalar tu facturación mensual a cifras robustas, necesitas correr campañas de *Amazon Ads*. Si tus regalías son de $1 dólar por venta, el costo por clic (CPC) te dejará en números rojos al primer día. Un precio *premium* te da los márgenes necesarios para aplastar a tu competencia en la puja publicitaria, comprando las mejores palabras clave mientras ellos se quedan sin presupuesto.

Cómo ejecutar el salto de posicionamiento

Subir el precio no significa simplemente cambiar un número en tu panel de control y esperar a que llueva el dinero. Subir el precio requiere que toda la infraestructura de tu marca se eleve para sostener ese nuevo número sin colapsar.

Aquí están los tres pilares operativos para subir tu precio y atraer a tu cliente ideal:

1. **La Purga Visual:** Un precio *premium* no sobrevive en un empaque barato. Antes de tocar el precio, asegúrate de que tus elementos visuales griten autoridad. En libros, esto significa portadas con acabados impecables y diseños interiores cuidados. En productos físicos o agencias, significa abandonar las plantillas genéricas e invertir en diseño hiper-profesional.

2. **El "Copy" de Exclusión:** Empieza a repeler activamente a los malos clientes en la descripción de tu producto o servicio. Usa frases de cualificación.
   - *"Este sistema no es para novatos buscando dinero fácil. Está diseñado para..."*
   - *"Nuestra supervisión está estructurada únicamente para proyectos de infraestructura que exigen tolerancias milimétricas."* Cuando le dices a un cliente barato que este producto "no es para él", atraes magnéticamente al cliente de alto nivel.

3. **El Silencio Táctico:** Cuando subas tus precios, no pidas disculpas ni des largas justificaciones de tus costos operativos. La autoridad no se justifica. Presenta tu propuesta, demuestra el valor de transformación y guarda silencio.

El costo de oportunidad de ser barato

Cada día que mantienes tus precios bajos por miedo a perder ventas, estás sufriendo un doble castigo. Primero, estás trabajando con márgenes asfixiantes que no te permiten invertir en herramientas clave (como analítica avanzada o publicidad internacional).

Segundo, y más grave aún: **estás ocupando tu tiempo y tu agenda con clientes mediocres, lo que te impide tener espacio para atender al cliente *premium* cuando finalmente llegue.**

Tu precio es la puerta de entrada a tu negocio. Tú decides qué tan alto pones el cerrojo y quién tiene el derecho de entrar.

Capítulo 17: Cuándo y Cómo Subir tus Precios sin Perder Clientes

El protocolo de incremento gradual con comunicación estratégica.

El mayor obstáculo para escalar la rentabilidad de tu negocio no es el mercado, la competencia ni el algoritmo; es tu propia parálisis ante la idea de que, si tocas el precio, todos tus clientes huirán en estampida. Aquí aprenderás a desactivar esa bomba psicológica. Descubrirás que el incremento de tarifas no es un evento de riesgo, sino un protocolo mecánico y predecible que, cuando se comunica correctamente, no solo retiene a tus mejores compradores, sino que consolida tu autoridad.

El terror al éxodo masivo

Hay un momento que paraliza a todo dueño de un catálogo de productos, autor independiente o consultor técnico: el momento en que se da cuenta de que sus márgenes ya no son sostenibles.

Tal vez tus costos de publicidad para penetrar en mercados internacionales han subido. Tal vez el nivel de exigencia de tus proyectos de consultoría requiere más atención. Sabes matemáticamente que necesitas subir los precios para alcanzar tus metas de facturación, pero el miedo te congela.

¿Y si mis lectores dejan de comprar mi serie de cuentos infantiles? ¿Y si las empresas constructoras buscan a un topógrafo más barato? ¿Y si mis ventas caen a cero y el algoritmo me entierra?

Este miedo nace de asumir que el cliente te es leal *únicamente* por tu etiqueta de precio. Si has aplicado las lecciones de los capítulos anteriores (diseño impecable, efecto halo, aversión a la pérdida y posicionamiento de autoridad), tu cliente es leal a la **solución** y a la **transformación**, no a los centavos.

Existen dos escenarios completamente distintos para ejecutar una subida de precios. Uno aplica para catálogos masivos y automatizados; el otro, para carteras de clientes recurrentes o servicios de alto valor. Veamos el protocolo exacto para cada uno.

Escenario 1: Productos Físicos, Libros y E-commerce (El Incremento Silencioso)

Cuando gestionas un catálogo con decenas o cientos de referencias (como una cartera de libros de KDP o una tienda de artículos de pesca deportiva), tu ventaja es que la mayoría del tráfico está compuesto por clientes nuevos todos los días.

No tienes que enviar un comunicado de prensa para subir el precio de un manual sobre estrategias de ruleta de $14.99 a $19.99. Simplemente lo subes. El comprador que llega mañana no tiene idea de cuánto costaba ayer. Su ancla será el nuevo precio.

Sin embargo, para mitigar cualquier riesgo algorítmico o de conversión, utiliza el **Protocolo de la Escalera de Valor Añadido**:

1. **Sube en la zona de ceguera:** Incrementa el precio en porcentajes que el cerebro no registra como agresivos (entre un 10% y un 15%). Un salto de $19.00 a $22.00 rara vez detiene a un comprador calificado.
2. **Sincroniza con mejoras de metadatos:** Nunca subas el precio dejando el listado igual. Aprovecha el momento para actualizar tu investigación de palabras clave de cola larga para esos mercados específicos (Italia, Francia, Alemania, Australia). Al mejorar el SEO y ajustar tus campañas publicitarias, el producto llegará a un público más cualificado que no cuestionará la nueva tarifa.
3. **Renueva el Efecto Halo:** Si vas a duplicar el precio de una fórmula hiper-fermentada para pesca, cambia el diseño de la etiqueta o actualiza las imágenes 3D del listado. Si el empaque se ve el doble de profesional, el cerebro justifica inmediatamente el incremento matemático.

Al subir los precios en tu catálogo automatizado, tendrás el margen de ganancia necesario para inyectar oxígeno a tus campañas de anuncios (como *Amazon Ads*). Ya no competirás por clics baratos; podrás pujar con agresividad para dominar tu nicho.

Escenario 2: Servicios B2B y Clientes Recurrentes (El Protocolo de Transición)

Subir las tarifas a una empresa que te contrata periódicamente para labores de interventoría técnica, diseño o consultoría requiere tacto quirúrgico. Aquí no puedes ser silencioso. Debes dominar la narrativa.

El error catastrófico es enviar un correo frío que diga: *"Debido a la inflación y a mis costos operativos, a partir del próximo mes mis tarifas subirán un 20%".*

A tu cliente corporativo no le importan tus costos operativos. Al argumentar desde tu propia necesidad, proyectas debilidad. El incremento debe justificarse desde **el valor que ellos reciben**.

Ejecuta el **Protocolo de "Grandfathering" (Derechos Adquiridos)**:

1. Congela a tus mejores clientes (Temporalmente)

A tus clientes históricos y recurrentes más valiosos, envíales un comunicado donde les informes que las tarifas de la agencia o de tus servicios han subido oficialmente para el público general, pero que, por lealtad a su confianza, **sus precios actuales quedarán congelados durante los próximos 3 a 6 meses**.

- *El Efecto Neurológico:* El cliente no se siente atacado. Se siente premiado y protegido. Le has regalado tiempo para ajustar sus presupuestos, mientras reafirmas tu alto valor en el mercado exterior.

2. El Mensaje de Actualización (El Copywriting Perfecto)

Cuando llegue el momento de aplicar la nueva tarifa a la base existente (o cuando hables con un cliente antiguo que vuelve después de un tiempo), el mensaje debe centrarse en la evolución de tu capacidad.

"Carlos, en el último año hemos optimizado drásticamente nuestros procesos de recolección de datos y control de calidad en obra. Para seguir garantizando este nivel de precisión técnica y exclusividad en los reportes, nuestras tarifas estructurales se han actualizado a $X para este semestre. Me encantaría que sigamos trabajando juntos con este nuevo estándar."

Sin disculpas. Sin largas explicaciones. Firmeza absoluta.

3. Despide a los vampiros de energía

Aprovecha el incremento de precios como una herramienta de poda natural. Aquellos clientes tóxicos, que siempre exigen descuentos, pagan tarde o te consumen energía técnica y emocional, son los primeros a los que debes aplicarles la tarifa máxima sin anestesia. Si la aceptan, su rentabilidad compensará su actitud. Si se van, acaban de liberarte un espacio valioso en tu agenda para un comprador *premium*.

La Matemática del Alivio (El Miedo Irracional al Abandono)

La amígdala te dirá: *"Si subes un 20% el precio, perderás a muchos clientes"*.

Respondamos a eso con números fríos. Supongamos que vendes un paquete de consultoría a $1.000 y atiendes a 10 clientes al mes. Facturas $10.000. Decides subir tu tarifa un 25%, llevándola a $1.250.

Aterrorizado, ves cómo 2 de tus clientes deciden no renovar (perdiste el 20% de tu cartera).

- **Nueva situación:** Atiendes a 8 clientes a $1.250.
- **Nueva facturación:** $10.000.

¿Qué acaba de ocurrir? Estás ganando **exactamente el mismo dinero**, pero has recuperado el 20% de tu tiempo libre. Tienes menos carga operativa, menos estrés y espacio disponible para prospectar nuevos contratos a la tarifa actualizada.

Perder a los clientes de la franja más baja no es una tragedia financiera; es una optimización operativa obligatoria para escalar tu negocio hacia metas sólidas.

Resumen Táctico de Ejecución

1. **Los nuevos clientes pagan la nueva tarifa hoy:** No esperes al 1 de enero. El próximo prospecto que entre en contacto contigo o el próximo producto que subas a la plataforma debe llevar el precio actualizado. Evalúa la resistencia real del mercado, no la que te imaginas.
2. **Escuda a tus aliados:** Avisa a tus clientes recurrentes con suficiente antelación (mínimo 60 días) de que las tarifas sufrirán una actualización estructural. Utiliza el período de gracia para fortalecer la relación.
3. **Vende la mejora, no el costo:** Elimina palabras como "inflación", "costos" o "ajustes" de tu vocabulario comercial. Reemplázalas por "optimización", "nuevo estándar de calidad" y "mayor capacidad de respuesta".
4. **Abraza la fuga:** Si un aumento de precios justificado, comunicado con elegancia y respaldado por una autoridad visual innegable hace que un porcentaje de tus clientes se vaya, celebra. Tu negocio acaba de volverse más ligero, más elitista y matemáticamente más rentable.

Capítulo 18: Descuentos que no destruyen tu marca

Los únicos tres tipos de descuento que no entrenan a tus clientes a esperar ofertas.

El descuento tradicional es la droga más adictiva del comercio digital. Te da un pico rápido de ventas hoy, pero destruye tus márgenes y tu posicionamiento mañana. Cuando acostumbras al mercado a comprar con rebajas, estás entrenando neurológicamente a tus clientes para que nunca vuelvan a pagarte el precio completo. Aquí descubrirás cómo usar la psicología a tu favor aplicando los únicos tres modelos de descuento que protegen la autoridad de tu catálogo y cuidan la rentabilidad de tus campañas publicitarias.

El ciclo tóxico del "50% de Descuento"

Imagina la siguiente escena. Acabas de publicar una nueva edición de tu manual avanzado de póker y ruleta, o tal vez lanzaste una carnada premium fermentada para pesca deportiva. El precio de lista es de $24.99.

Pasan tres días, las ventas van lentas y el pánico se apodera de ti. Entras a tu panel de control y le pones una etiqueta gigante de "50% de descuento".

Inmediatamente, entran algunas ventas. Sientes alivio. Pero lo que no ves es el daño invisible y a largo plazo que acabas de causarle a tu marca:

1. **Destruiste tu ancla de valor:** El cliente que compró a $12.50 jamás volverá a creer que tu producto vale $25. Su cerebro ha recalibrado el valor real del artículo.
2. **Castigaste a tus mejores clientes:** Aquellos compradores leales que pagaron el precio completo el día uno ahora se sienten estafados.
3. **Destruiste tu margen de adquisición:** Si planeabas usar publicidad para escalar en mercados internacionales (como Francia, Italia o Alemania), acabas de aniquilar el margen

necesario para ganar la puja de las palabras clave más rentables.

El mercado no respeta lo que siempre está en oferta. Si una marca vive en liquidación permanente, el comprador asume que la calidad es deficiente.

Sin embargo, los incentivos financieros son necesarios para mover volumen o lanzar nuevos productos. El secreto está en cómo enmarcas la oferta. Un descuento ético y estratégico nunca se percibe como un acto de desesperación; se percibe como un privilegio.

Los 3 Modelos de Descuento Seguro (Framework Estratégico)

Para inyectar liquidez o volumen a tu negocio sin manchar el Efecto Halo de tu marca, debes aplicar exclusivamente uno de estos tres modelos:

1. El Descuento de Sigilo (Incentivo por Adición, no por Sustracción)

El peor error matemático es recortar tu precio base. Si un producto cuesta $30 y lo rebajas a $20, perdiste $10 de ganancia neta.

El *Descuento de Sigilo* invierte la ecuación: **en lugar de bajar el precio, aumentas el valor de forma temporal entregando bonos que tienen un alto valor percibido pero un bajo costo de replicación para ti.**

- **Cómo aplicarlo:** Mantienes el precio firme e inquebrantable en $30, pero anuncias que, por tiempo limitado, la compra incluirá un producto complementario de forma gratuita.
- **Ejemplo en acción:** Si vendes la serie infantil *Cuentos Mágicos Para Soñar*, no haces un 20% de descuento en el libro físico. En su lugar, lo vendes a precio completo, pero durante el fin de semana incluyes un enlace oculto para descargar el audiolibro (narrado con voces de IA de alta calidad) sin costo adicional.

- **El Efecto Neurológico:** El precio oficial del libro jamás se mancha. El cliente siente que aprovechó una oferta increíble, pero tú no comprometiste tu ancla financiera.

2. El Descuento de Privilegio (El Estatus VIP)

Un descuento que está disponible para todo el mundo en la página principal de la tienda no es una oferta; es simplemente tu nuevo precio barato. Para que un descuento no huela a desesperación, debe exigir un requisito previo de entrada.

Debe ser un premio al comportamiento pasado, no un soborno para el comportamiento futuro.

- **Cómo aplicarlo:** Ocultas la rebaja del público general. Solo se la ofreces a un segmento hiper-cualificado a través de un canal privado (como una lista de correo de clientes anteriores).
- **Ejemplo en acción:** Estás a punto de publicar un nuevo título sobre estrategias de casino. En la tienda, el producto sale al mercado a su tarifa premium de $29.99. Pero días antes, envías un correo exclusivo a los lectores que compraron tus libros anteriores: *"Como miembro del círculo de lectores avanzados, tienes 48 horas para adquirir la nueva edición con un 30% de descuento usando este enlace privado, antes de que el catálogo se abra al público general".*
- **El Efecto Neurológico:** El cliente no siente que el producto sea barato; siente que **él es especial**. El descuento se procesa como un reconocimiento a su estatus, reforzando la lealtad a la marca.

3. El Descuento de Momentum (La Acción Rápida Condicionada)

A los algoritmos de plataformas internacionales les encanta la velocidad. Un gran volumen de ventas en las primeras 72 horas puede catapultar tu producto a la primera página de resultados, reduciendo drásticamente tus costos de publicidad.

Para lograr ese pico inicial sin anclar tu precio a la baja para siempre, utilizas el *Descuento de Momentum*. Esta rebaja tiene una condición innegociable e irrevocable: está atada a un límite de tiempo o inventario absoluto.

- **Cómo aplicarlo:** Lanzas el producto a un precio menor, pero comunicas visualmente y por escrito exactamente en qué momento el precio subirá para no volver a bajar nunca más.
- **Ejemplo en acción:** Acabas de formular un nuevo lote de tu carnada "La Bomba" para capturar cachamas de alto peso. En la descripción dictas las reglas del juego: *"Precio especial de lanzamiento para las primeras 100 unidades. Una vez cruzada la orden #100, el algoritmo devolverá el precio a su tarifa regular de $45 dólares de forma automática. No habrá excepciones".*
- **El Efecto Neurológico:** Estás usando la aversión a la pérdida a tu favor. El comprador calificado sabe que si duda, el castigo será pagar más mañana. Cuando efectivamente cruzas la unidad 100 y subes el precio, le demuestras al mercado que tu palabra es ley. Has entrenado a tus clientes para que compren rápido en tu próximo lanzamiento.

La Regla de Hierro de la Justificación

Existe un hilo conductor en estos tres modelos que debes memorizar: **El cerebro humano desconfía instintivamente de un precio bajo que no tiene una razón de ser.**

Si aplicas una rebaja y no explicas *por qué* lo estás haciendo, el cliente asumirá la peor razón posible (es de mala calidad, no se vende, está defectuoso). Para proteger tu posicionamiento, cada vez que ofrezcas una ventaja financiera, debes verbalizar la razón lógica que la respalda.

- *Mal:* "¡Solo por hoy, 30% de descuento!"
- *Bien:* "Para celebrar nuestro ingreso a las librerías de Australia y Alemania, hemos liberado 50 copias digitales con

un 30% de descuento para financiar nuestra campaña de lanzamiento internacional."

La primera frase activa las alarmas de la amígdala. La segunda frase le da a la corteza prefrontal una justificación lógica y transparente que desactiva cualquier sospecha.

Resumen Táctico de Ejecución

Antes de volver a tocar la configuración de precios de tu catálogo, aplica este filtro de seguridad:

1. **Mata los descuentos genéricos:** Elimina de tu estrategia comercial las rebajas por "Día de la Madre" o "Black Friday" a menos que utilices el modelo de *Descuento de Sigilo* (mantener precio, agregar valor).
2. **Protege el frente público:** Tu listado visible, tus portadas con iluminación cinematográfica y tu descripción de alto nivel siempre deben reflejar la tarifa *premium*. Los descuentos viven en las sombras (en correos privados, a través de enlaces ocultos o en grupos cerrados).
3. **Cumple tus amenazas:** Si aplicas un descuento por tiempo limitado, a las 00:00 horas debes restaurar el precio original. Si cedes y dejas la rebaja "unos días más", acabas de perder tu autoridad. El mercado te pondrá a prueba; asegúrate de no parpadear.

Capítulo 19: Precio y Contexto: El mismo producto vale distinto según dónde lo vendas

El entorno físico y digital como amplificador o destructor de valor.

Creemos ingenuamente que el valor de un producto reside en sus materiales, en la cantidad de sus páginas o en el código de su software. La economía conductual demuestra que el 80% del valor percibido no proviene del artículo en sí, sino del escenario donde el cliente lo encuentra. Aquí descubrirás cómo el ecosistema que rodea a tu producto —desde la optimización de tus listados internacionales hasta el nivel de riesgo del cliente— tiene el poder de triplicar tu precio sin que tengas que alterar una sola coma de tu producto original.

El experimento de los 3 millones de dólares en el metro

En enero de 2007, un hombre con una gorra de béisbol entró en una estación de metro en Washington D.C. Se paró junto a una pared, sacó un violín de su estuche y comenzó a tocar durante 45 minutos. Interpretó seis de las piezas clásicas más complejas jamás escritas.

Pasaron por delante de él más de mil personas. Al terminar, había recaudado la decepcionante suma de **$32 dólares** en monedas.

Lo que los transeúntes no sabían era que ese músico callejero era Joshua Bell, uno de los mejores violinistas del mundo. El instrumento que sostenía era un Stradivarius original valorado en 3.5 millones de dólares. Apenas tres días antes, Bell había tocado exactamente el mismo repertorio en un teatro de Boston, donde los asistentes pagaron más de **$100 dólares** por cada asiento.

El producto (la música) era matemáticamente idéntico. La calidad de la ejecución era perfecta. El talento era de élite mundial. Pero en el contexto de una estación de metro con luz fluorescente y pisos sucios, la obra maestra se devaluó a la categoría de ruido de fondo de 32 dólares.

En tu negocio ocurre exactamente lo mismo. No importa si has desarrollado el mejor sistema matemático del mundo o el artículo más efectivo del mercado; si lo vendes en la "estación de metro" del comercio electrónico, los clientes te pagarán con monedas.

La arquitectura de la sala de conciertos digital

En el comercio masivo, el contexto es la pantalla. Cada elemento que rodea al botón de "Comprar" actúa como el teatro de Boston o como el piso sucio del metro.

Imagina que publicas un manual altamente técnico, por ejemplo, un libro sobre estrategias probabilísticas para dominar las mesas de póker.

- **El Contexto "Metro":** El listado aparece con una portada genérica sin iluminación cinemática. En la descripción hay bloques de texto denso. Tus palabras clave son tan genéricas ("juegos de cartas", "apuestas") que el algoritmo te arroja en medio de revistas de crucigramas de dos dólares.
- **El Contexto "Teatro":** El listado despliega contenido enriquecido (A+). La portada proyecta lujo corporativo. Has utilizado herramientas de inteligencia de datos (como Helium 10 o Jungle Scout) para identificar las intenciones de búsqueda exactas. Cuando el comprador aterriza ahí, el diseño y el SEO le gritan: *"Estás en el lugar correcto. Esto es alta gama"*.

En el primer escenario, cobrar $25 dólares parece un robo. En el segundo, cobrar $25 dólares parece el precio de entrada estándar para sentarse en la mesa de los profesionales. **El producto digital es el mismo; el ecosistema visual y de metadatos dictó el precio.**

El Contexto Internacional (Geografía y Poder Adquisitivo)

El contexto no es solo visual; también es geográfico. Uno de los mayores errores estratégicos de los creadores de productos y editores es asumir que el precio es estático a través de las fronteras.

Lanzar una serie de cuentos ilustrados infantiles o un manual técnico requiere entender que el valor percibido del dinero muta según el código postal del comprador.

- Un precio de $9.99 puede ser el límite superior de fricción en un mercado latinoamericano.
- Ese mismo producto, traducido y optimizado para los mercados de **Francia, Italia, Alemania o Australia**, se inserta en economías con un poder adquisitivo donde $19.99 es considerado un ticket de entrada económico para un producto de calidad.

Si tienes la capacidad de penetrar mercados internacionales mediante campañas de publicidad segmentadas (Ads), exportar tu producto sin ajustar el contexto de precio hacia arriba es dejar dinero sobre la mesa. El algoritmo internacional recompensa a quienes saben cobrar en la moneda y la psicología local de cada territorio.

El Contexto del Riesgo: El Mismo Entregable, Distinto Problema

En la venta de servicios corporativos o productos físicos especializados, el contexto que dispara el precio se llama **Nivel de Riesgo del Cliente**.

Cuando el riesgo de fracasar es catastrófico para tu comprador, el valor de tu solución se multiplica, incluso si tu trabajo es exactamente el mismo. Veamos la diferencia brutal en dos industrias distintas:

El Producto/Servicio	Contexto de Bajo Riesgo (Precio Bajo)	Contexto de Alto Riesgo (Precio Premium)
Ingeniería / Topografía	Se entrega una hoja de cálculo con nivelaciones y cálculos	**Se entrega exactamente la misma hoja de cálculo**, pero esta vez para la interventoría y

El Producto/Servicio	Contexto de Bajo Riesgo (Precio Bajo)	Contexto de Alto Riesgo (Precio Premium)
	topográficos para la parcelación de un lote rural vacío. Si hay un pequeño desfase, no hay consecuencias críticas.	supervisión técnica de una infraestructura vial masiva. Un error milimétrico aquí cuesta millones en asfalto y penalizaciones legales. El documento vale 20 veces más.
Pesca Deportiva	Vendes una fórmula de carnada fermentada en una tienda de mascotas de barrio para personas que van a pescar al río un domingo por la tarde para relajarse.	Vendes **la misma fórmula** posicionada en la entrada de un torneo competitivo, donde los participantes han invertido miles de dólares buscando capturar una especie pesada (como una gran cachama) para llevarse el premio mayor. El contexto de competencia dispara el precio.
Optimización de Conversión	Configuras campañas de palabras clave para el listado de una novela amateur que	Configuras **la misma arquitectura de prompts y palabras clave backend** para un catálogo editorial internacional que ya factura miles de dólares

El Producto/Servicio	Contexto de Bajo Riesgo (Precio Bajo)	Contexto de Alto Riesgo (Precio Premium)
	factura $50 dólares al mes.	y necesita dominar el mercado europeo.

El esfuerzo operativo de tu lado apenas cambió. Pero el contexto del problema de tu cliente hizo que tu solución pasara de ser un "gasto agradable" a una "necesidad crítica de supervivencia".

La ilusión de la objetividad en el E-commerce

No le puedes pedir a un cliente que reconozca el valor de tu producto aislando su entorno. El cerebro humano no funciona así. Todo lo que el comprador experimenta un segundo antes de ver el precio contamina su evaluación financiera.

Si vendes en tu propia tienda web, el tiempo de carga de la página, la paleta de colores oscuros o elegantes, y la tipografía son tu teatro de Boston.

Si vendes en ecosistemas como Amazon KDP, tus campañas publicitarias, la precisión de tu SEO y la calidad cinematográfica de tus portadas son tu Stradivarius.

Si compites por precio, estás asumiendo que tu producto solo vale lo que dicta el mercado genérico. Si elevas el contexto, tú le dictas al mercado lo que cuesta entrar a tu teatro.

Resumen Táctico de Ejecución

1. **Auditoría de tu estación de metro:** Revisa tus listados más débiles. ¿Tus productos estrella están presentados en un ecosistema que parece barato? Identifica si tus palabras clave

están atrayendo al público equivocado o si tus imágenes no le hacen justicia al contenido.

2. **Identifica el Alto Riesgo:** ¿Quién es el comprador para el cual tu producto no es un lujo, sino una necesidad operativa o competitiva? Adapta tu *copywriting* para hablarle exclusivamente a ese cliente que tiene mucho que perder si no te compra.

3. **Localización de Precios:** Si operas en múltiples países, no hagas simples conversiones de divisa. Analiza el ecosistema de precios *premium* en Alemania, Italia o Australia, y ajusta tu etiqueta para posicionarte en la franja de alta calidad de cada territorio específico.

4. **No cambies el producto, cambia el envase:** Antes de invertir meses creando un nuevo producto para ganar más dinero, invierte una semana en mejorar el SEO, la identidad visual y los metadatos del producto que ya tienes. El contexto adecuado multiplica el margen instantáneamente.

Capítulo 20: Cómo presentar el precio: el orden importa más que el número

La secuencia exacta en la que revelar el precio en una propuesta.

Pasamos semanas debatiendo si cobrar $99 o $120. Sin embargo, en la psicología del consumidor, el número exacto suele ser menos importante que el momento cronológico en el que se revela. Si el cliente ve el precio antes de comprender el valor, el número se convierte en un gasto doloroso. Si lo ve después de interiorizar la transformación, se convierte en una inversión lógica. Aquí aprenderás a estructurar visual y verbalmente tus propuestas B2B y tus listados digitales para que la revelación de tu tarifa sea el cierre natural de una venta, no el inicio de una negociación.

El error de la "Última Página" y la mirada prematura

Existe un comportamiento universal en las compras de alto valor corporativo. Cuando entregas una propuesta técnica a un cliente (por ejemplo, para la interventoría de un proyecto de infraestructura vial), ¿qué es lo primero que hace el directivo al recibir el documento PDF o la carpeta física?

Ignora la introducción, salta la metodología, no lee los análisis topográficos ni la estructuración de la base granular o el asfalto. Va directamente a la última página para buscar el número total.

Una vez que sus ojos capturan esa cifra, su cerebro establece un ancla rígida. Todo lo que lea a continuación (si es que decide leerlo) será juzgado a través del lente defensivo de esa cifra. Su cerebro no estará diciendo *"Mira qué metodología tan precisa"*; estará diciendo *"¿De verdad esta metodología justifica los $15.000 dólares que vi en la última página?"*.

La carga de la prueba se invierte en tu contra.

En el comercio electrónico ocurre una dinámica similar. Si un usuario hace clic en uno de tus anuncios en mercados internacionales (como Francia o Alemania) y aterriza en tu página, sus ojos buscarán instintivamente la caja del precio antes de leer una sola viñeta de tus beneficios.

Para ganar el juego de la conversión, debes diseñar tu propuesta o tu página para controlar rígidamente la secuencia de lectura. Debes construir la montaña del valor antes de revelar el tamaño del peaje.

El Framework B2B: La Secuencia del Sándwich

Cuando vendes servicios *premium* a empresas, consultoría especializada o dirección de proyectos, no puedes permitir que el cliente hojee el documento a su antojo. El precio nunca debe estar aislado en una hoja final en blanco, porque ahí se siente desnudo y costoso.

El precio debe ir "en sándwich" entre el Impacto Financiero y la Ejecución Inmediata. Esta es la secuencia exacta para una propuesta imbatible:

1. **Fase 1: El Diagnóstico del Dolor.** Se empieza demostrando que entiendes el problema mejor que el cliente. (Ej: *"Actualmente, la falta de control técnico está generando un riesgo de sobrecostos del 15% en la fase de cimentación..."*).
2. **Fase 2: La Metodología de Transformación.** Cómo vas a resolverlo. Aquí incluyes tu autoridad, los sistemas de control y los entregables.
3. **Fase 3: El Impacto Financiero (El Ancla Alta).** Antes del precio, le recuerdas al cliente cuánto dinero le vas a ahorrar o generar. *"Implementar este control mitigará un riesgo valorado en $120.000 dólares"*.
4. **Fase 4: La Inversión (El Precio).** Inmediatamente después del impacto, presentas tu tarifa. Se revela como una fracción pequeña del número anterior.
5. **Fase 5: El Siguiente Paso Inmediato.** No termines el documento con un "Gracias". El cerebro del cliente acaba de procesar un gasto; no lo dejes en silencio. Continúa el texto en la misma página con las instrucciones de inicio: *"Para*

asegurar el inicio de operaciones este lunes, el siguiente paso es firmar el anexo A...".

Al rodear el precio con el valor masivo arriba y la acción táctica abajo, la tarifa deja de ser un muro y se convierte en un simple escalón.

La Secuencia Digital: Controlando el "Scroll" en el E-Commerce

En la venta de productos físicos, herramientas digitales o publicaciones en plataformas internacionales, la interfaz a menudo te obliga a mostrar el precio arriba. Pero tú controlas los metadatos, las imágenes y el contenido enriquecido (A+).

La anatomía de una página que justifica precios altos sigue este orden visual estricto:

Orden de Aparición	Elemento en Pantalla	La Función Neurológica
1. El Impacto Visual (Héroe)	Portada o imagen principal con iluminación cinematográfica y calidad hiperrealista.	El Ancla de Autoridad. Activa el Efecto Halo. El cerebro asume instantáneamente que el producto es de calidad *premium* antes de leer el precio.
2. El Título y Subtítulo	Palabras clave enfocadas en el dolor y la transformación (SEO inteligente).	Filtro de Cualificación. Si vendes un sistema avanzado de ruleta o póker, el título promete dominar la probabilidad, justificando

Orden de Aparición	Elemento en Pantalla	La Función Neurológica
		que no es un texto barato de ocio.
3. La Cifra (El Precio)	Presentación clara, preferiblemente con un formato redondo o estratégico según lo visto en capítulos anteriores.	El Momento de Fricción. El cerebro evalúa el número contra el peso de la autoridad visual (Paso 1 y 2).
4. Contenido A+ / Viñetas	Gráficos del interior, *mockups*, testimonios de éxito y el Costo de Inacción (COI).	La Munición del Jinete. Aquí es donde el cerebro racional encuentra los argumentos técnicos y la prueba social para justificar la decisión de añadir al carrito.
5. Reversión de Riesgo	Garantías absolutas visibles antes del último botón de compra.	Relajación de la Amígdala. Eliminación del miedo final a perder el dinero.

El Principio del Contraste Inmediato

Existe un sesgo conocido como *Efecto de Contraste*. El cerebro percibe las diferencias con mayor intensidad cuando se presentan de forma consecutiva.

Si vas a presentar múltiples opciones de precios (la arquitectura de tres niveles del Capítulo 15), el orden en el que el cliente los lee altera sus tasas de conversión.

Nunca presentes los precios de menor a mayor.

Si presentas tu paquete Básico de $15 primero, el cerebro se ancla en ese número. Cuando llega al paquete Élite de $120, la amígdala grita que es una locura financiera.

Presenta siempre de Mayor a Menor (Top-Down).

1. **Muestra el Paquete Élite primero:** El cliente ve la colección completa en tapa dura con audiolibros por $120. Se establece un ancla alta. Su cerebro se ajusta a esa altitud.
2. **Muestra el Paquete Premium segundo:** El cliente ve el set principal que resuelve su problema por $45.
3. **El Efecto:** Al venir del ancla de $120, el paquete de $45 ya no se percibe como un gasto de cuarenta y cinco dólares. Se percibe como un ahorro masivo frente a la opción principal.

Presentar el precio más alto primero lubrica la aceptación de todas las tarifas que le siguen.

La regla de oro en las llamadas de ventas

Si cierras acuerdos B2B o vendes servicios a través de videollamadas, la regla del orden es inviolable: **Quien dice el precio y sigue hablando, pierde poder.**

Cuando llegue el momento de revelar tu tarifa tras haber expuesto tu diagnóstico y metodología, dilo con absoluta claridad, sin muletillas, sin justificaciones nerviosas, y haz algo que a la mayoría de los vendedores les aterra: **Cállate.**

- *"La inversión para estructurar e implementar todo el sistema de control en la obra es de doce mil dólares."*
- *(Silencio absoluto).*

El silencio posterior a la revelación del precio proyecta una confianza inquebrantable. Demuestra que esa cifra es un estándar, no un punto de inicio para un regateo. Si llenas ese silencio con explicaciones nerviosas (*"Y bueno, esto incluye... y podemos revisar formas de pago..."*), destruyes el posicionamiento construido y le indicas al cliente que tu precio es negociable.

Resumen Táctico de Ejecución

1. **Reestructura tus PDF y Presentaciones:** Si envías propuestas por correo, asegúrate de que el precio no esté huérfano en la última página. Ponlo entre el Retorno de Inversión (arriba) y los próximos pasos operativos (abajo).
2. **Aplica el "Top-Down" en tu tienda:** Revisa tu web y asegúrate de que las opciones más costosas, los *bundles* completos y las ediciones de lujo sean lo primero que atrape la mirada del cliente. Usa esas cifras altas como escudo protector de tus productos estrella de nivel medio.
3. **Adueñate del silencio:** Si vendes de forma presencial o por llamada, graba tu próxima reunión. Analiza qué haces en los cinco segundos posteriores a decir tu precio. Si intentas justificarlo, estás saboteando tus propios márgenes. Di el número, confía en el contexto que construiste y respira.

Capítulo 21: Anatomía de la objeción "está muy caro"

Detrás de esa frase hay cinco significados distintos. Aprende a distinguirlos.

La objeción "está muy caro" es, sin lugar a dudas, la frase más malinterpretada en el mundo de las ventas y el comercio electrónico. Cuando un cliente pronuncia o piensa estas palabras, tu instinto de supervivencia te grita que debes ofrecer un descuento. Ese es un error letal. En la psicología del consumidor, "caro" rara vez significa "no tengo el dinero". Aquí aprenderás a decodificar los cinco mensajes ocultos detrás de esta objeción y cómo reestructurar tus listados o tus propuestas para neutralizar cada uno de ellos antes de que arruinen tu venta.

El síntoma, no la enfermedad

Imagina que vas al médico con un dolor de cabeza fulminante y, sin hacerte ninguna pregunta ni revisar tus signos vitales, el doctor decide operarte del cerebro. Sería una negligencia absoluta, porque el dolor de cabeza es solo un síntoma; la causa podría ser estrés, deshidratación o falta de sueño.

En los negocios corporativos y en la venta de productos digitales, la frase *"está muy caro"* es exactamente igual: **es un síntoma superficial**.

Si reaccionas a ese síntoma bajando tu precio inmediatamente, estás operando el cerebro del paciente cuando lo único que necesitaba era un vaso de agua. Estás mutilando tu rentabilidad por no saber leer la mente de tu cliente.

Cuando un comprador se detiene frente a tu propuesta B2B o el listado de tu tienda en línea y su cerebro concluye que "es caro", en realidad está experimentando uno de los siguientes cinco cortocircuitos cognitivos.

Significado 1: "No entiendo el Retorno de Inversión (ROI)"

El cliente tiene el presupuesto, pero tú no le has demostrado cómo tu solución le devolverá más dinero, tiempo o recursos de los que te está entregando. El número en la etiqueta parece un gasto, no una inversión.

- **El Escenario B2B:** Estás presentando una propuesta para la interventoría y supervisión de una obra de infraestructura vial. Si el cliente corporativo mira tus honorarios y dice "está caro", es porque piensa que le estás cobrando por "ir a mirar la obra".
- **La Solución:** Debes cuantificar el desastre. Demuéstrale que la ausencia de un control topográfico de rigor milimétrico le hará desperdiciar material. Traduce tu trabajo a su idioma: *"Si la nivelación falla, terminarán compensando el error con los 9 cm de capa de asfalto y los 30 cm de base granular. Eso equivale a decenas de miles de dólares en sobrecostos. Mi tarifa es el seguro contra esa pérdida".* De repente, tu precio deja de ser un gasto y se convierte en un escudo financiero.

Significado 2: "Te estoy comparando con la basura" (El Problema del Ancla)

El cliente cree que tu producto *premium* es idéntico a las opciones de baja gama que inundan el mercado, y no entiende por qué cobras el triple que ellos.

- **El Escenario E-Commerce:** Tienes un catálogo de libros publicados en mercados internacionales (Francia, Alemania, Italia, Australia). Vendes un manual avanzado sobre sistemas matemáticos y probabilidad para mesas de póker y ruleta a 19.99 euros. El cliente lo ve "caro" porque el algoritmo de Amazon acaba de mostrarle un panfleto genérico de 2.99 euros escrito por inteligencia artificial y sin ningún rigor matemático.

- **La Solución:** Tu producto sufre de comoditización visual. Si tu artículo se ve igual que el de 2.99, el cliente jamás pagará 19.99. Debes separarte del resto mediante el *Efecto Halo*. El diseño de tu portada, el uso estratégico de palabras clave en tu listado y tu contenido enriquecido deben gritar "autoridad". Cuando proyectas exclusividad absoluta, el comprador deja de compararte con el producto barato.

Significado 3: "No confío en que me des el resultado" (Riesgo Percibido)

El cliente desea el resultado con desesperación y tiene el dinero en el bolsillo, pero su amígdala está paralizada por el miedo a equivocarse, a ser estafado o a quedar como un tonto si el producto falla.

- **El Escenario de Nicho:** Un pescador deportivo está a punto de comprar tu fórmula de cebo fermentado ("la bomba") por un precio *premium*. Su objetivo es capturar una cachama de alto peso en un torneo este fin de semana. Cuando duda frente a tu carrito de compras y piensa "es caro", no es por los dólares; es porque en el pasado compró carnadas que le prometieron el cielo y lo hicieron regresar a casa con las manos vacías.
- **La Solución:** Reversión del riesgo y prueba social destructiva. Necesita ver testimonios reales, fotos de capturas de alto peso logradas con tu fórmula y una garantía de rendimiento inquebrantable. Tienes que absorber su miedo operativo. Si eliminas el riesgo, el precio deja de importar.

Significado 4: "El problema no me duele lo suficiente... todavía" (Costo de Inacción)

El cliente reconoce que tienes un buen producto, pero no siente urgencia. Está en su zona de confort.

- **El Escenario de Consumo:** Un padre ve tu colección de cuentos infantiles ilustrados y, aunque le encanta la premisa de "Cuentos Mágicos Para Soñar", decide que 25 dólares es mucho por un libro y cierra la pestaña.

- **La Solución:** Estás vendiendo características ("un libro de cuentos con hermosas ilustraciones") en lugar de vender el antídoto contra una hemorragia. Tienes que reactivar la Aversión a la Pérdida en tus viñetas. Si le recuerdas la frustración de las batallas nocturnas, el estrés de no tener tiempo para sí mismo al final del día y la pérdida de sus propias horas de sueño, los 25 dólares se convierten en una inversión mínima a cambio de paz mental y descanso garantizado.

Significado 5: "Realmente no tengo el dinero" (El Cliente Equivocado)

Esta es la única vez en la que la objeción es literal. El prospecto simplemente no tiene la capacidad adquisitiva para pagar tu producto o servicio.

- **El Escenario:** Alguien hizo clic en tu campaña de anuncios internacionales por curiosidad, pero su presupuesto mensual no le permite pagar un ticket alto.
- **La Solución:** No haces nada. No bajas tu precio, no ofreces un descuento compasivo y no adaptas tu modelo de negocio. Agradeces el interés y lo dejas ir. Bajar tus estándares para acomodar a quien no puede pagarte es el camino más rápido para destruir tu marca y agotar tu energía operativa.

Framework Táctico: La Pregunta de Aislamiento

Si vendes frente a frente o por videollamada y escuchas la frase "está muy caro", debes mantener la calma, sostener el contacto visual y utilizar la herramienta más poderosa del cierre de ventas: **El aislamiento**.

Responde con un tono genuinamente curioso y relajado:

"Lo entiendo perfectamente, Carlos. Y solo por curiosidad, para asegurarme de estar en la misma página... cuando dices que la propuesta está cara, ¿exactamente con qué la estás comparando?"

Esa simple pregunta rompe el automático de su cerebro.

- Si te responde con el precio de tu competencia barata, estás frente al **Significado 2**. Vuelves a explicar la diferencia masiva en tu calidad técnica.
- Si te responde *"es que no sé si recuperaré la inversión"*, estás frente al **Significado 1 o 3**. Vuelves a la pizarra y le dibujas matemáticamente su ahorro y tus garantías.
- Si te responde *"simplemente no tenemos ese dinero en la cuenta"*, estás frente al **Significado 5**. Te despides con cortesía.

En el comercio electrónico (Amazon, tiendas propias, Shopify), no puedes hacer esta pregunta en vivo, por lo que tus páginas de producto deben responder a las objeciones 1, 2, 3 y 4 de forma proactiva en el texto, antes de que el cliente siquiera vea el botón de compra.

El precio alto jamás es el problema real. El problema es la ausencia de un contexto de valor que lo sostenga.

Capítulo 22: El Lenguaje que Sube el Valor Percibido

Palabras y frases que activan el sistema de recompensa del comprador.

El diseño cinemático de tus portadas y la estructura matemática de tus precios son inútiles si las palabras que los acompañan suenan baratas. El cerebro humano le asigna un valor monetario inconsciente a ciertas palabras; algunas activan el miedo y la fricción, mientras que otras disparan la dopamina y la sensación de autoridad. Aquí descubrirás cómo realizar una auditoría lingüística de tu catálogo y tus propuestas, reemplazando el "idioma del gasto" por el "idioma de la transformación premium".

La alquimia invisible de las palabras en el comercio

Imagina que estás redactando el reporte final para la interventoría técnica de un proyecto de infraestructura vial masivo. Si presentas el documento diciendo que la estructura cuenta con *"una buena capa de asfalto y piedras grandes debajo"*, el cliente corporativo entrará en pánico y dudará de tu profesionalismo. Pero si describes exactamente el rigor técnico de la estructura: *"9 cm de capa de asfalto soportados por 30 cm de base granular y 30 cm de rajón"*, la percepción de control y seguridad es absoluta. El trabajo físico fue el mismo, pero el lenguaje técnico justificó la autoridad.

En el *e-commerce*, en la venta de infoproductos y en la publicación digital, aplica exactamente la misma regla de neuro-lingüística.

Los vendedores mediocres escriben descripciones de productos; los estrategas de alto valor escriben **arquitectura de percepción**. Cada viñeta en tu listado, cada subtítulo que optimizas con herramientas como Helium 10 o Jungle Scout, y cada llamado a la acción debe estar calibrado para activar el sistema de recompensa del cliente.

Cuando un comprador lee tu página, no solo está escaneando palabras clave para el SEO internacional; está buscando señales lingüísticas que le confirmen que está a punto de tomar la decisión correcta.

El Sesgo de Precisión (La Autoridad de lo Específico)

El cerebro humano desconfía por naturaleza de los adjetivos genéricos y redondos. Palabras como *"mucho"*, *"rápido"*, *"excelente calidad"* o *"gran diseño"* han sido tan abusadas por el marketing barato que han perdido todo su peso. Hoy, significan ruido.

La forma más rápida de elevar el valor percibido de tu producto es reemplazar el lenguaje genérico por **lenguaje hiper-específico**.

- **En la publicación de ficción:** No digas *"Un libro ilustrado muy bonito para niños"*. Di: *"Volumen uno de Cuentos Mágicos Para Soñar, diseñado con ilustraciones de alto contraste y esquemas narrativos que reducen la resistencia al sueño nocturno"*.
- **En nichos deportivos:** Si vendes una fórmula de cebo o carnada, no digas *"Atrae muchos peces"*. Di: *"Fórmula de fermentación acelerada, diseñada específicamente para asegurar capturas de especies pesadas como la cachama en entornos de torneo"*.

La precisión técnica actúa como un sedante para la amígdala (el centro del miedo). Cuando el cliente lee especificaciones exactas, asume de forma automática que quien creó el producto es un experto absoluto en la materia.

Verbos de Transformación vs. Sustantivos Estáticos

Un error clásico al redactar las descripciones en plataformas de publicación masiva es hacer un inventario de características (sustantivos) en lugar de vender la acción (verbos).

El cliente no compra "páginas", "software", "fórmulas" o "matrices". Compra el resultado final. Debes usar verbos activos que le entreguen el control de la situación.

Mira el cambio de jerarquía cuando aplicas verbos de transformación a un manual de estrategias para casino:

- *Lenguaje de Sustantivo (Barato):* "Un libro sobre ruleta y póker con sistemas matemáticos y probabilidad".
- *Lenguaje de Verbo (Premium):* "**Domina** las mesas de póker. **Blíndate** contra la ventaja de la casa y **ejecuta** sistemas de probabilidad matemática que **multiplican** tu rentabilidad en la ruleta."

Los verbos "dominar", "blindar", "ejecutar" y "multiplicar" activan la dopamina. Hacen que el lector se visualice a sí mismo tomando acción y ganando.

El Diccionario de la Autoridad: Traducción de Términos

Para cobrar más, debes erradicar el vocabulario de la mediocridad de tus páginas de ventas, tus correos electrónicos y tus propuestas. Aquí tienes la tabla de traducción neurológica para auditar tus textos de inmediato:

El Idioma del Gasto (Elimínalo)	El Idioma de Inversión (Úsalo)	El Efecto Psicológico
Precio / Costo	Inversión / Tarifa Profesional	"Precio" duele. "Inversión" sugiere un retorno financiero o emocional futuro.
Gasto / Pagar	Asegurar / Acceder / Reservar	"Pagar" activa el centro del dolor. "Asegurar" activa el instinto de posesión y seguridad.

El Idioma del Gasto (Elimínalo)	El Idioma de Inversión (Úsalo)	El Efecto Psicológico
Descuento / Rebaja	Privilegio / Ventaja de Lanzamiento	"Descuento" devalúa tu marca. "Privilegio" eleva el estatus del comprador.
Barato / Económico	Eficiente / De Alta Rentabilidad	"Barato" es para novatos. "Rentabilidad" es el lenguaje de los tomadores de decisiones.
Hecho con IA / Ilustraciones IA	Diseño de Prompt Arquitectónico / Iluminación Cinemática Renderizada	Enfatiza el dominio de la herramienta (el talento humano) sobre la máquina genérica.
Te voy a ayudar a...	Vamos a implementar / ejecutar...	"Ayudar" suena a favor caritativo. "Implementar" suena a metodología corporativa e ingeniería de procesos.

El lenguaje del "Costo de Inacción" (El miedo justificado)

Como vimos en los capítulos de Aversión a la Pérdida, el lenguaje más persuasivo no siempre es el positivo. Cuando elevas el precio de un servicio o de un manual técnico, debes usar frases que expongan el sangrado oculto del cliente si decide ignorar tu oferta.

Frases de anclaje de pérdida:

- *"Cada día que publicas sin optimizar tus metadatos en el backend, le estás regalando tu cuota del mercado europeo a competidores de menor calidad."*
- *"Sentarte en una mesa de ciegas altas sin dominar estas variables es equivalente a apostar a ciegas."*

Este tipo de lenguaje no es agresivo; es clínico. Estás diagnosticando una enfermedad que el cliente tiene, preparándolo mentalmente para pagar por el tratamiento (tu producto) con total gratitud.

Ejercicio de Cierre: La Purga Lingüística

Abre el listado de tu producto más rentable, o la última propuesta comercial que enviaste, y aplica la regla de las 3 C:

1. **Cacería de adjetivos:** Encuentra y elimina palabras como "bueno", "increíble", "rápido" o "fácil". Reemplázalas por datos, tolerancias milimétricas, métricas exactas o beneficios cuantificables.
2. **Cambio de verbos:** Revisa los *bullet points* (viñetas) de tu página de producto en Amazon o en tu web. Si empiezan con un artículo o un sustantivo, reescríbelos para que comiencen con un verbo de transformación en imperativo (*Domina, Asegura, Optimiza, Evita*).
3. **Auditoría de estatus:** Lee el texto en voz alta. Si el tono suena como si estuvieras "rogando" por la compra, bórralo. Reescríbelo imaginando que eres el líder indiscutible de tu industria. La autoridad no se pide; se asume desde la primera línea de texto.

Capítulo 23: Cómo responder al Excel comparativo del cliente

El protocolo exacto para cuando te comparan con el competidor más barato.

Es el momento más temido en las negociaciones corporativas y en la venta digital: el cliente saca una hoja de cálculo, te pone lado a lado con tu competidor más económico y te pide que "justifiques" por qué cobras el doble si, aparentemente, ofrecen lo mismo. Aquí descubrirás por qué intentar ganar esa discusión matemática es una trampa mortal, y aprenderás el protocolo psicológico para destruir esa tabla de Excel, cambiando las reglas del juego para que el precio alto sea la única opción lógica.

La trampa de la "Tabla de Características"

Imagina que estás en una reunión para cerrar un contrato importante. El cliente corporativo proyecta una pantalla con un archivo de Excel. En la columna A están tus servicios. En la columna B están los servicios de un competidor. Ambos prometen entregar el mismo proyecto, pero el número final del competidor es un 40% más bajo que el tuyo.

El cliente te mira y te hace la pregunta trampa: *"Tu competencia me ofrece lo mismo por mucho menos. ¿Puedes igualar el precio?"*

El instinto natural de la mayoría de los vendedores es entrar en pánico y empezar a defenderse línea por línea: *"Bueno, es que mi equipo es mejor, nosotros somos más rápidos, yo tengo más experiencia...".*

Acabas de perder la venta.

En el momento en que empiezas a defender tus características frente a las de una opción barata, has validado la premisa del cliente: has aceptado que tú y el competidor barato son "peras con peras" y que la única diferencia real es el costo.

La realidad que tu cliente ignora (y que es tu trabajo iluminar) es que el Excel comparativo es una ilusión. Las hojas de cálculo solo miden el esfuerzo operativo y los entregables físicos, pero **jamás miden el riesgo, el costo del fracaso ni el nivel de maestría.**

El Protocolo B2B: Destruyendo el Excel en Servicios de Alto Valor

Cuando vendes consultoría, diseño o servicios corporativos donde un error cuesta fortunas, no puedes permitir que te evalúen como un producto de supermercado. Debes aplicar el *Protocolo de Inversión de Riesgo.*

Supongamos que estás compitiendo por la interventoría y supervisión técnica de un proyecto de infraestructura vial. El cliente compara tu propuesta con la de un topógrafo o ingeniero que cobra la mitad.

No hables de tu currículum. Habla de la catástrofe que el Excel del cliente está omitiendo.

La respuesta exacta (El Guion de Autoridad):

"Entiendo perfectamente que su analista haya puesto ambas propuestas en la misma tabla porque, en el papel, los dos vamos a entregar planillas y reportes topográficos. Pero le hago una pregunta de riesgo estructural: Este proyecto exige tolerancias milimétricas en una estructura de 9 cm de asfalto, 30 cm de base granular y 30 cm de rajón. Si el proveedor de la columna B comete un error de cálculo por falta de rigor en campo, ¿quién asume el costo de demoler y reconstruir los tramos de la obra arruinados? ¿Él, o ustedes? Mi tarifa no es por entregarle un reporte en papel; mi tarifa es el seguro que blinda la rentabilidad de su proyecto contra sobrecostos catastróficos. Nosotros no competimos en la misma categoría que la columna B."

El Efecto Neurológico: Has sacado al cliente de la lógica del "ahorro" y lo has metido de golpe en la lógica de la "supervivencia".

El Excel pierde todo su valor porque acaba de darse cuenta de que comparar a un auditor premium con un proveedor barato basándose en el precio es un riesgo suicida para su empresa.

El Protocolo E-Commerce: La Comparación Silenciosa

En la venta de productos digitales, libros físicos en mercados internacionales o artículos deportivos, el Excel comparativo no ocurre en una sala de juntas. Ocurre de forma silenciosa en la mente del comprador mientras tiene dos pestañas del navegàdor abiertas.

Imagina que un cliente en el mercado italiano o francés está buscando un libro para dominar las matemáticas de la ruleta. En una pestaña tiene tu manual de estrategias avanzadas a 19.99 euros. En otra pestaña, tiene un folleto genérico sobre juegos de cartas a 2.99 euros. O, en otro nicho, un pescador deportivo compara tu fórmula fermentada de alto rendimiento de $30 dólares con una masa básica de $5 en una tienda en línea.

Si tu listado solo enumera características (número de páginas, gramos de producto), el cliente elegirá la opción barata. Para destruir esa comparación silenciosa, debes inyectar **Diferenciadores de Identidad** directamente en tus viñetas y descripciones.

Tienes que escribir tu listado asumiendo que el cliente está mirando a la competencia barata en ese preciso instante.

El Framework de Descalificación Automática en Texto:

- **Ataque a la debilidad del competidor (sin nombrarlo):** *"A diferencia de las opciones económicas del mercado que se diluyen en el agua en minutos, esta fórmula está diseñada con un grado de fermentación pesado que resiste las corrientes para atraer exclusivamente a especies de torneo."*
- **Posicionamiento de la audiencia:** *"Este no es un libro motivacional ni un panfleto de consejos básicos. Es un sistema estadístico puro estructurado para jugadores que*

tratan el casino como una inversión, no como un pasatiempo."

Cuando haces esto, le quitas al cliente la posibilidad de compararte. Le estás diciendo: *"Ese producto barato que estás mirando es para novatos. Si tú eres un profesional, este es el único producto que te sirve".*

Las 3 reglas de hierro ante la presión de precio

Si el cliente sigue presionando para que bajes el precio o igualesque la tarifa del competidor, debes mantener tu posicionamiento aplicando estas tres reglas:

1. **Nunca recortes el precio sin recortar el entregable:** Si cedes y bajas tu precio un 30% manteniendo todo el servicio igual, el cliente pensará: *"Me estaba intentando estafar desde el principio"*. Si tu cliente dice *"Solo tengo el presupuesto del competidor"*, tu respuesta debe ser: *"Perfecto. Para llegar a ese número, vamos a eliminar la garantía de respuesta rápida, quitaremos los reportes semanales y extraeremos la optimización de SEO de la propuesta. Así podemos ajustarnos a ese costo"*. Casi siempre, el cliente prefiere pagar completo para no perder los beneficios.

2. **No hables mal de la competencia; expón su modelo de negocio:** No digas *"El competidor X hace un trabajo horrible"*. Di: *"El modelo de negocio de esa agencia es el volumen masivo con personal junior. Es válido si buscas algo rápido y genérico. Nuestro modelo es artesanal, profundo y basado en datos precisos. Depende de qué nivel de ejecución necesite tu proyecto hoy"*.

3. **Mantén la disposición de alejarte:** El poder de negociación absoluto pertenece a quien menos necesita el acuerdo. Si la empresa insiste en tratarte como un genérico de la columna B, debes estar dispuesto a cerrar tu carpeta amablemente, desearles éxito y levantarte de la mesa. Esa muestra de autoridad a menudo hace que te llamen de vuelta antes de que salgas del edificio.

Resumen Táctico de Ejecución

1. **Cambia el eje de la conversación:** Si te comparan por precio operativo, tú responde con riesgo financiero. Obliga al cliente a calcular el "Costo de Inacción" o el costo de que el proveedor barato cometa un error grave.
2. **Usa el "Sí, pero...":** Cuando te muestren el precio bajo de la competencia, acéptalo con tranquilidad. *"Es cierto, su precio es muy atractivo. Pero nuestra especialidad no es competir en costos, sino en la anulación del riesgo. ¿Qué nivel de tolerancia al error tiene su proyecto en este momento?"*
3. **Aísla tus productos en el e-commerce:** En tus listados internacionales de Amazon, blinda tu precio elevando el *Efecto Halo*. Si tu portada es cinemática y tu descripción filtra a los novatos, el algoritmo dejará de emparejarte con las opciones baratas de dos dólares, separándote de forma natural en la mente del consumidor.

Capítulo 24: Negociar sin ceder: el arte del anclaje inverso

Técnicas de negociación basadas en psicología cognitiva, no en astucia.

La negociación tradicional te enseña a ser un "tiburón", a usar trucos de presión y a jugar un tira y afloja agotador donde ambas partes terminan frustradas. La economía conductual ofrece un camino mucho más elegante y rentable. Aquí descubrirás cómo usar el *Anclaje Inverso*, una técnica psicológica que te permite defender tus tarifas más altas sin tener que discutir, logrando que el cliente convenza a su propio cerebro de que pedirte un descuento es una mala idea.

El instinto de la concesión (Por qué perdemos antes de hablar)

Cuando un cliente potencial te dice *"Me encanta tu propuesta, pero se sale de mi presupuesto"*, tu cerebro reptiliano entra en pánico. El miedo a perder la venta activa un reflejo condicionado: la concesión inmediata.

Empiezas a ofrecer rebajas, a proponer facilidades de pago o a regalar bonos adicionales de forma nerviosa.

¿Qué ocurre en la mente del comprador cuando haces esto? Su amígdala (el radar de amenazas) se enciende. Piensa: *"Si estaba dispuesto a bajar su precio un 20% tan rápido, significa que su precio original era falso. Me estaba intentando cobrar de más"*. Al ceder sin estrategia, no salvas la venta; destruyes la confianza.

Para negociar en el ecosistema de alto valor, debes abandonar la táctica del regateo y entrar en el terreno de la arquitectura cognitiva. El objetivo no es ganar una discusión, es cambiar el marco de referencia del cliente.

La Psicología del Anclaje Inverso

El *Anclaje Inverso* no consiste en defender tu precio, sino en **atacar el costo de la alternativa**.

En una negociación estándar, el cliente intenta anclar la conversación hacia abajo, enfocándose en su propio presupuesto o en lo que cobra tu competidor más barato. Tu trabajo es aplicar un anclaje inverso: mover la atención violentamente hacia arriba, enfocando la conversación en el costo del fracaso.

Veamos cómo se aplica esta psicología en tres escenarios distintos:

Escenario 1: Negociación B2B y Proyectos de Alta Responsabilidad

Imagina que estás negociando los honorarios para la interventoría y supervisión técnica de un proyecto de infraestructura vial. El cliente corporativo te pide que ajustes tu presupuesto para igualar a un ingeniero menos experimentado.

Si negocias desde la debilidad, dirás: *"Puedo bajar un 10% si cerramos hoy"*. Si aplicas el **Anclaje Inverso**, dirás:

"Entiendo la restricción de presupuesto. Sin embargo, mi enfoque aquí no es mi tarifa, sino su riesgo. Una estructura que requiere 9 cm de asfalto y 30 cm de base granular no perdona errores topográficos ni de nivelación en los frentes de obra. Si aceptamos reducir el alcance de la supervisión para encajar en ese presupuesto, el riesgo de un fallo estructural prematuro aumenta. Reparar ese fallo les costará diez veces mis honorarios. Mi precio es innegociable porque la seguridad de su inversión también debe serlo."

El cliente deja de pensar en ahorrarse unos dólares y empieza a pensar en el terror de un sobrecosto millonario. El ancla se ha invertido.

Escenario 2: El E-commerce de Nicho (El Anclaje Silencioso)

En la venta de productos físicos o fórmulas especializadas, no puedes hablar con el cliente. La negociación ocurre en la página de ventas.

Si vendes una carnada hiper-fermentada ("la bomba") para pesca deportiva de especies pesadas como la cachama, tu precio de $35 dólares puede parecer alto frente a masas genéricas de $5. El cliente intenta negociar mentalmente: *"Mejor compro la barata"*.

El **Anclaje Inverso** en tu *copywriting* debe recordarle el valor del ecosistema total:

"Has gastado $100 en combustible, $50 en la entrada al lago especializado y tienes equipo de alta gama. ¿Vas a arriesgar el trofeo del torneo por ahorrar $30 en el eslabón más importante entre tú y el pez?"

El ancla ya no son los $35 dólares del producto; el ancla son los $150 dólares y el tiempo que el pescador ya invirtió y que no quiere desperdiciar.

Escenario 3: La Negociación de Infoproductos y Software

Vendes un sistema matemático para dominar la probabilidad en mesas de casino (ruleta o póker). Lo ofreces a $49.99 en mercados internacionales (Francia, Alemania, Italia). Un usuario te escribe o piensa que un libro no debería costar tanto.

El **Anclaje Inverso** redirige la atención al campo de batalla real:

"No estás comprando papel ni tinta. Estás comprando un sistema de contención de pérdidas. $49.99 es menos de lo que el casino te va a quitar en los primeros cinco minutos si te sientas en la mesa sin dominar estas variables estadísticas."

La Regla de la Concesión Asimétrica (Si quitas dinero, quitas sangre)

A veces, el cliente de verdad no tiene el presupuesto y necesitas cerrar el trato. La regla de oro de la economía conductual para estos casos es la **Concesión Asimétrica**.

Nunca, bajo ninguna circunstancia, reduzcas tu precio manteniendo el mismo nivel de servicio o producto. Si el cliente quiere pagar menos, la oferta debe "sangrar" visiblemente.

- **El Cliente dice:** *"Solo tenemos $8.000 aprobados para la auditoría, no podemos pagar los $10.000".*
- **La Respuesta Estratégica:** *"Comprendo. Podemos ajustar la propuesta a $8.000. Para lograrlo, extraeremos las visitas presenciales de control semanal y los reportes de optimización de la segunda fase, entregando únicamente el documento técnico base. ¿Avanzamos con esta versión reducida?"*

Esto activa la aversión a la pérdida. Al ver que le estás arrebatando piezas valiosas del servicio para encajar en su número, el 80% de los clientes corporativos encuentran mágicamente el presupuesto original. Quieren el paquete completo. Si finalmente aceptan la versión reducida, tú has protegido tu margen de ganancia por hora trabajada y has mantenido tu autoridad intacta.

El Poder del "No" Táctico

El mejor negociador no es el que tiene las palabras más persuasivas; es el que tiene menor necesidad emocional de cerrar el trato.

El cerebro del consumidor está acostumbrado a vendedores desesperados que dicen que sí a todo. Cuando te encuentras con un prospecto problemático que exige el mundo a mitad de precio, pronunciar un "No" amable pero firme genera un shock cognitivo.

"Lamentablemente, por el nivel de precisión técnica que manejamos, no podemos absorber ese descuento sin comprometer la calidad del resultado. Parece que no somos el proveedor adecuado para esta etapa de su proyecto. Les deseo muchísimo éxito."

Al retirar la oferta de la mesa, inviertes la dinámica de poder. El Efecto Halo de tu marca se dispara. El cliente percibe que si estás dispuesto a dejar ir dinero, es porque tu agenda está llena y tu producto es tan bueno como dices. En muchas ocasiones, este "no" táctico es exactamente lo que hace que el cliente regrese al día siguiente aceptando tus términos originales.

Resumen Táctico de Ejecución

1. **Cambia el foco del ancla:** Antes de tu próxima reunión de ventas o antes de publicar tu página de producto, escribe claramente cuál es el costo catastrófico de *no* contratarte. Esa es tu arma de anclaje inverso.
2. **Prepara tu menú de recortes:** Si vas a negociar un contrato B2B, entra a la reunión sabiendo exactamente qué elementos de tu servicio vas a "amputar" si el cliente exige bajar el precio. La concesión debe dolerle a él, no a tu margen de ganancia.
3. **Desensibilízate al silencio:** Después de plantear tu anclaje inverso o negarte a un descuento irracional, guarda absoluto silencio. Deja que el cliente pelee con su propia disonancia cognitiva. Quien rompe el silencio para justificarse, pierde la negociación.

Capítulo 25: Silencio, pausa y presencia: la psicología del timing

Lo que haces después de decir el precio determina si lo aceptan o negocian.

La mayoría de las ventas no se pierden por culpa del producto, ni por culpa del precio, sino por la ansiedad de quien lo presenta. Existe una regla no escrita en la economía conductual: el que habla primero después de decir el precio, pierde. Aquí aprenderás a dominar la herramienta más incómoda pero más rentable en el cierre de ventas: el silencio. Descubrirás cómo usar el "timing" táctico tanto en reuniones corporativas como en la arquitectura visual de tus listados de *e-commerce*.

El síndrome del sedal apresurado

En la pesca deportiva de especies de alto peso, como la cachama, existe una regla inquebrantable una vez que lanzas una carnada especializada al agua: debes darle tiempo al pez para que la tome con firmeza. Si te gana la ansiedad, la adrenalina te traiciona y tiras del sedal al primer movimiento brusco del agua, lo único que lograrás será sacarle el anzuelo de la boca y perder la captura.

En las negociaciones y ventas de alto valor, ocurre exactamente el mismo fenómeno. El precio es tu momento de tensión.

El error de novato más común (y el que más dinero destruye) es la "justificación nerviosa". El profesional presenta su propuesta, revela una tarifa alta y, al sentir el peso de ese número flotando en el aire, entra en pánico ante el silencio del cliente. Para llenar ese vacío, comienza a hablar de nuevo:

- *"...pero claro, podemos revisar las formas de pago."*
- *"...y bueno, si les parece muy alto, le podemos quitar algunas cosas."*
- *"...pero recuerden que esto incluye el soporte técnico."*

Acabas de arruinar el cierre.

Al hablar inmediatamente después de dar el precio, le envías a la amígdala de tu cliente una señal neurológica de inseguridad. Tu propio lenguaje corporal y verbal acaba de decirle: *"Yo mismo creo que este precio es demasiado caro, por favor no te enojes"*. Le acabas de dar permiso para regatear.

La Neurociencia del Silencio Táctico

Cuando revelas una tarifa importante, el cerebro de tu cliente entra en un estado de procesamiento profundo. Su corteza prefrontal está calculando el riesgo, contrastando tu cifra contra el "Costo de Inacción" (el dolor de no comprar) y visualizando el resultado final.

Este proceso consume energía y requiere tiempo. **Ese silencio del cliente no es un rechazo; es cálculo matemático.**

Si interrumpes ese cálculo con tu nerviosismo, reseteas su proceso cognitivo e introduces duda donde no la había. Tu trabajo, en el momento exacto en que revelas tu precio, es establecer una presencia inamovible.

Veamos cómo se ejecuta este silencio en los dos grandes ecosistemas de ventas:

1. El Timing en Servicios B2B y Consultoría (El Frente a Frente)

Imagina que estás en la sala de juntas de una constructora presentando la propuesta para la interventoría y supervisión técnica de una infraestructura vial masiva. Ya has establecido tu autoridad técnica, detallando cómo tu control asegurará que la estructura exacta (los 9 cm de asfalto, los 30 cm de base granular y los 30 cm de rajón) se ejecute sin tolerancias catastróficas.

Llega la diapositiva final. Este es el guion de ejecución perfecta:

1. **Declara el número con voz plana (voz de locutor de medianoche):** No subas el tono al final de la frase como si estuvieras haciendo una pregunta. Dilo como si estuvieras leyendo la hora. *"Para blindar la ejecución de esta obra, la inversión en nuestra interventoría es de veinticinco mil dólares."*
2. **Cierra la boca y sostén la mirada:** No sonrías de forma exagerada, no mires tus apuntes. Mira a tu interlocutor a los ojos con absoluta tranquilidad.
3. **Soporta la presión:** El silencio puede durar 5, 10 o hasta 30 segundos. Parecerá una eternidad. Sentirás un impulso biológico de hablar. **No lo hagas.**

Quien rompe este silencio, asume la posición de debilidad en la mesa. Cuando el cliente corporativo finalmente hable, el 80% de las veces dirá: *"De acuerdo, ¿cuándo comenzamos?"* o *"Bien, envíenle el contrato al departamento de compras"*. Si cuestiona el precio, aplicas el *Anclaje Inverso* que aprendimos en el capítulo anterior. Pero jamás hables tú primero.

2. El Timing Visual en E-Commerce y Catálogos Digitales

Si tienes un modelo de negocio automatizado o gestionas un catálogo internacional en KDP, no estás frente al cliente para hacer silencio. Sin embargo, en el comercio digital, el silencio se traduce en **Espacio Blanco (Timing Visual)**.

El cerebro humano necesita "respirar" visualmente antes y después de procesar una etiqueta de precio. Si tu tienda o listado empuja la tarifa en medio de un bloque de texto denso, cronómetros parpadeantes y botones de colores estridentes, el cliente se siente acorralado.

- **Aplicación en nichos de alto nivel (Ej. Sistemas y Estrategia):** Si publicas un manual matemático sofisticado para dominar la ruleta y el póker en mercados como Alemania, Italia o Francia, el precio no debe competir con el texto. Separa la tarifa. Usa el contenido A+ para crear un diseño minimalista donde el precio viva solo, rodeado de espacio en blanco. Ese espacio visual transmite la misma autoridad que el silencio en una sala de juntas. Significa: *"No tenemos prisa. Sabemos lo que vale esto."*

- **Aplicación en narrativa y colecciones (Ej. Libros Infantiles):** Si estás ofreciendo la colección completa de *Cuentos Mágicos Para Soñar* en un paquete premium de $45, deja que la imagen del estuche y la promesa de valor descansen en la pantalla. No pongas un pop-up de "10% extra si compras ya" en el momento en que el ratón del usuario roza el precio. Permite que el padre de familia procese el valor emocional de la compra (noches tranquilas) frente al número, sin interrumpir su cálculo cognitivo con estímulos baratos.

El poder de la Presencia (La energía del experto)

El silencio solo funciona si está respaldado por la presencia. La presencia es la convicción interna de que si este cliente no te compra, tu negocio seguirá creciendo exactamente igual, porque allá afuera hay cientos de clientes que sí valoran tu calidad.

Los clientes tienen un radar increíblemente preciso para la desesperación. Si necesitas el dinero para pagar el alquiler de la oficina la próxima semana, tu lenguaje corporal (o la agresividad de tus correos de seguimiento) te delatará.

Para sostener el silencio, debes convencerte de una realidad innegable de los negocios: **Tú eres el premio**.

El cliente tiene el dinero, pero el dinero es un bien abundante que se imprime todos los días. Tú tienes el conocimiento, la infraestructura, la arquitectura de procesos y el sistema que resuelve su problema. La solución es el bien escaso. Cuando internalizas que estás haciendo un intercambio donde él gana más de lo que gasta, el silencio deja de ser incómodo y se convierte en una simple postura de dignidad profesional.

Resumen Táctico de Ejecución

1. **Entrena el silencio:** En tu próxima conversación de ventas, sin importar cuán pequeña sea, practica decir tu tarifa y guardar silencio absoluto. Cuenta mentalmente hasta diez. Observa cómo el cliente toma la batuta y responde. Es un músculo; debes entrenarlo.

2. **Audita el ruido visual:** Abre tus listados en dispositivos móviles. Cuando el usuario hace *scroll* y llega a la zona del precio, ¿el diseño se siente asfixiante o limpio? Elimina cualquier elemento que grite desesperación alrededor del botón de compra. Dale espacio al número.

3. **Prohíbete la palabra "pero":** Después de declarar una tarifa, la palabra "pero" es veneno. Borra de tus plantillas de correo y de tu vocabulario comercial frases como *"Son $5.000 dólares, pero podemos adaptarnos"*. La autoridad pone el punto final. El cliente decide si cruza la puerta o no.

Capítulo 26: Tu plan de precios en 30 días

Hoja de ruta semana a semana para rediseñar tu estructura de precios completa.

Leer sobre economía conductual y sesgos cognitivos es fascinante, pero la teoría sin ejecución es solo entretenimiento. Ha llegado el momento de operar. Este capítulo es tu manual táctico de trinchera. Aquí consolidaremos todas las estrategias de los capítulos anteriores en un plan de acción de 30 días, diseñado paso a paso para purgar tu catálogo, estructurar tus ofertas y elevar tus tarifas sin interrumpir tu flujo de caja ni paralizar tus operaciones.

El puente entre la teoría y la facturación

Modificar la estructura de precios de un negocio, especialmente cuando gestionas un ecosistema complejo con más de 200 títulos publicados o manejas proyectos técnicos de alta responsabilidad, puede generar vértigo. El error más común es intentar cambiar todo en una sola tarde, generando incongruencias visuales y operativas.

El reposicionamiento requiere paciencia quirúrgica. Esta hoja de ruta de cuatro semanas divide el proceso en cuatro fases aisladas: Auditoría Visual, Arquitectura de Oferta, Refinamiento de Metadatos y Lanzamiento Financiero.

Tu objetivo final al terminar el Día 30 es tener un ecosistema de precios que trabaje por ti, atrayendo a clientes cualificados y acercándote con precisión matemática a tus metas de escalabilidad de ingresos mensuales.

Semana 1: Auditoría del Efecto Halo y Posicionamiento Visual (Días 1 al 7)

No puedes cobrar tarifas *premium* si el escaparate huele a mediocridad. Esta semana nadie toca los precios; el único objetivo es blindar la calidad percibida para que, cuando el precio suba, el cerebro del cliente lo justifique instantáneamente.

- **Día 1-2: Cacería de píxeles débiles.** Revisa las portadas de tus productos y las presentaciones de tus servicios. Si publicas manuales técnicos o literatura, asegúrate de utilizar ingeniería de *prompts* avanzada para generar imágenes con iluminación cinematográfica y acabados hiperrealistas. Si presentas propuestas B2B, elimina cualquier plantilla genérica.
- **Día 3-4: Limpieza de la sala de conciertos.** Aplica el contexto de la "sala del teatro". Revisa el contenido enriquecido (A+) de tus listados. Un producto especializado para dominar la probabilidad en los casinos o una carnada de torneo como "la bomba" para pesca de cachama no puede tener una descripción en bloque de texto plano. Estructura el texto con negritas y jerarquía clara.
- **Día 5-7: Auditoría del Lenguaje de Autoridad.** Revisa las viñetas y descripciones. Cambia los sustantivos estáticos por verbos de transformación. Si estás presentando una metodología de interventoría, elimina frases débiles y asume el control: *"Supervisión estricta de estructura vial: 9 cm de asfalto, 30 cm de base granular y 30 cm de rajón, garantizando tolerancias milimétricas en campo"*. El lenguaje técnico anestesia el miedo al precio.

Semana 2: Arquitectura de la Oferta y Empaquetado (Días 8 al 14)

Esta semana transformarás tu catálogo de productos aislados en trampas lógicas de conversión utilizando la regla del número tres y el Efecto Señuelo.

- **Día 8-9: Definición del "Héroe" (El Nivel Premium).** Elige tu producto o servicio con mejor margen y mayor tasa de éxito. Este será tu Nivel 2. Su precio debe estar anclado en el Valor (Retorno de Inversión) y no en el Costo.

- **Día 10-11: Creación del Ancla de Lujo (El Nivel Élite).** Diseña una versión asimétricamente costosa de tu oferta principal para proteger el precio del Nivel Premium. Si gestionas la serie *Cuentos Mágicos Para Soñar*, tu Nivel Élite podría ser una edición en tapa dura que incluya audiolibros inmersivos narrados con tecnología de síntesis de voz de IA (como Eleven Labs). Al ver ese paquete exclusivo, el precio del libro tradicional se vuelve psicológicamente irresistible.

- **Día 12-14: Ensamblaje del "Coste de Inacción" (COI).** Por cada paquete premium que acabas de armar, redacta un párrafo introductorio que cuantifique qué está perdiendo el cliente hoy. Transforma la opción de "no comprar" en un escenario inaceptable.

Semana 3: Optimización del Ecosistema y SEO Internacional (Días 15 al 21)

El precio correcto mostrado al cliente equivocado seguirá pareciendo caro. Esta semana alineamos tu nueva estructura con el tráfico cualificado y el poder adquisitivo adecuado.

- **Día 15-17: Investigación Profunda de Palabras Clave.** Utiliza herramientas de inteligencia de datos (Helium 10, Jungle Scout o software B2B) para escanear las intenciones de búsqueda de alto valor. Un comprador que busca "apuestas" busca ofertas; un comprador que busca "sistemas estadísticos ruleta póker" está dispuesto a pagar por educación técnica de alto nivel.

- **Día 18-20: Backend y Localización Internacional.** Los precios no son universales. Ajusta la indexación y los metadatos ocultos para posicionar tu producto en los ecosistemas de mayor poder adquisitivo (Francia, Italia, Alemania, Países Bajos y Australia). Asegúrate de que las palabras clave en cada idioma reflejen una intención de compra *premium*.

- **Día 21: Reversión del Riesgo.** Redacta y coloca de forma visible las garantías de tus servicios o productos. Antes de pasar a la fase final, el cliente debe sentir que todo el peso de una posible falla recae sobre tus hombros, no sobre su billetera.

Semana 4: El Lanzamiento Silencioso y Escalabilidad (Días 22 al 30)

Es el momento de actualizar las etiquetas de precio y abrir el grifo del tráfico para validar el nuevo ecosistema financiero.

- **Día 22-23: El Incremento Oficial.** En ecosistemas automatizados (como Amazon KDP o tiendas en línea), aplica la subida de precio de forma directa. Elimina el número ".99" si tu objetivo es el prestigio corporativo puro, o mantenlo si el producto entra en la categoría de compras de nicho por impulso.
- **Día 24-26: Reconfiguración Publicitaria (Amazon Ads y PPC).** Con tu nuevo margen de ganancia establecido, tu límite de costo por clic (CPC) acaba de expandirse. Configura campañas publicitarias agresivas dirigidas a tus mercados internacionales clave. Ahora que tu producto proyecta un Efecto Halo masivo y un precio premium, puedes aplastar a la competencia barata en las pujas publicitarias sin quedarte en números rojos.
- **Día 27-29: Monitoreo y Silencio Táctico.** Entrarán las primeras ventas. No entres en pánico si la tasa de conversión global baja un poco; recuerda que ahora necesitas menos ventas para generar el mismo o mayor volumen de ingresos. Si tienes clientes corporativos antiguos, aplica el protocolo de transición y congela sus tarifas temporalmente.
- **Día 30: Consolidación del Sistema.** Revisa los números. Con márgenes de regalías mejorados y campañas de Ads corriendo de forma rentable en mercados internacionales, el vehículo está listo para acelerar. El objetivo de escalar la facturación hacia niveles sólidos (como la barrera de los $1.000 mensuales en regalías automatizadas) es ahora una simple cuestión de mantener la optimización SEO y dejar que la arquitectura de precios haga su trabajo.

Tu Siguiente Movimiento

Has llegado al final del diseño teórico y del cronograma de ejecución. La arquitectura de precios que tienes en tus manos no se trata de engañar al consumidor; se trata de facilitar el trabajo de su cerebro para reconocer el valor real y profundo de lo que ofreces.

Ejecuta el Día 1 hoy mismo. Audita tu imagen más importante y empieza a construir el imperio desde la percepción visual. El mercado pagará el estándar que tú tengas el valor de establecer.

Capítulo 27: Cómo testear precios sin arriesgar tu negocio

Metodología de prueba A/B aplicada a precios en servicios y productos físicos.

Cambiar un precio que ya está generando ventas se siente como intentar desactivar una bomba: el miedo a cortar el cable equivocado y destruir tus conversiones te paraliza. Sin embargo, la única forma de escalar la rentabilidad es encontrando el "punto de elasticidad perfecto" de tu mercado. Aquí aprenderás a ejecutar pruebas A/B científicas y controladas. Descubrirás cómo testear nuevas tarifas en mercados internacionales, productos físicos y consultoría corporativa sin arriesgar tu facturación actual.

El mito de la conversión perfecta (Por qué vender menos puede hacerte ganar más)

El mayor error analítico en el comercio electrónico y en la venta de servicios es adorar ciegamente la "Tasa de Conversión". Creemos que si 10 de cada 100 personas compran, estamos ganando. Si subimos el precio y ahora solo compran 7, entramos en pánico porque la conversión bajó.

Pero los negocios no se sostienen con porcentajes de conversión; se sostienen con margen de beneficio.

La metodología de prueba de precios consiste en buscar esa intersección matemática donde la inevitable caída en el volumen de ventas es compensada agresivamente por el aumento en el margen de ganancia neta. Si vendes menos unidades pero trabajas con un margen mayor, no solo mantienes (o superas) tus ingresos, sino que liberas ancho de banda operativo, abaratas costos logísticos y tienes más presupuesto para pujar por palabras clave en tus campañas publicitarias.

Veamos cómo aplicar esta metodología científica, aislada y sin riesgos, en los tres grandes ecosistemas de ventas.

Ecosistema 1: Testeo en Publicación Digital y E-Commerce Masivo

Cuando gestionas un portafolio de más de 200 títulos o vendes herramientas digitales a nivel global, el testeo A/B es tu arma más poderosa. El mercado internacional es el laboratorio perfecto, porque un precio que genera fricción en un país puede ser percibido como una ganga en otro.

La Técnica de Aislamiento Geográfico: Si tu objetivo es alcanzar una facturación de $1,000 mensuales en regalías automatizadas, no puedes cambiar el precio de todo tu catálogo de golpe. Tomas un mercado específico como laboratorio.

Imagina que publicas una serie ilustrada como *Cuentos Mágicos Para Soñar* o un manual técnico para dominar la ruleta.

1. **Fija el Grupo de Control:** Mantienes el precio actual en Estados Unidos y España.
2. **Aísla la Variable (El Test):** Eliges mercados con economías robustas (Francia, Italia, Alemania, Países Bajos o Australia) y subes el precio de tu edición local en un 20%.
3. **Inyecta el Tráfico:** Utilizas tus campañas de publicidad (Ads) para enviar tráfico constante durante 14 días. Apóyate en herramientas de análisis como Helium 10 o Jungle Scout para rastrear cómo reacciona tu clasificación de ventas (BSR).
4. **La Lectura de Datos:** Si las ventas en Alemania caen un 5%, pero tu margen de regalías por libro subió un 35%, el test es un éxito rotundo. Acabas de descubrir que el público alemán es inelástico a ese precio. Ese nuevo número se convierte en tu estándar para Europa.

Ecosistema 2: Testeo en Productos Físicos y de Nicho Especializado

Probar precios en productos físicos requiere manejar el inventario y la percepción de marca. No puedes mostrarle $30 dólares a un cliente hoy y $45 mañana en la misma tienda sin generar desconfianza.

La Técnica del "Empaquetado Fantasma": Supongamos que distribuyes una fórmula de fermentación avanzada (como "la bomba") diseñada para atraer peces de gran peso, como la cachama, en lagos de torneo. Quieres saber si el mercado soportaría un aumento de precio, pero temes asustar a tus compradores habituales.

En lugar de subir el precio del producto base, creas un **Test de Paquete**:

- Dejas tu fórmula individual al precio de siempre (El Control).
- Lanzas una variación: El "Kit de Torneo". Incluye dos unidades de tu fórmula y un pequeño manual digital de uso, a un precio que, matemáticamente, infla el costo por unidad en un 15%.
- **El Resultado:** Observas hacia dónde fluye el dinero. Si los competidores serios empiezan a llevarse el "Kit de Torneo" masivamente, el mercado te está gritando que no les importa el precio, les importa la exclusividad y la solución completa. Has validado que tu marca soporta precios más altos, allanando el camino para subir el costo de la unidad individual en tu próxima temporada de pesca.

Ecosistema 3: Testeo en Servicios B2B y Consultoría

En la venta de servicios corporativos de alta ingeniería no existe un algoritmo que divida el tráfico. Si presentas una propuesta de interventoría para supervisar una obra de infraestructura, no puedes decirle al cliente: *"Te cobro $10.000, pero si recargas la página, tal vez sean $12.000"*.

Aquí se utiliza la **Técnica de Cohortes Escalonadas**.

Imagina que vas a cotizar la supervisión de la estructura de una vía (donde tu responsabilidad es garantizar milimétricamente la ejecución de 9 cm de asfalto, 30 cm de base granular y 30 cm de rajón). Quieres subir tus honorarios un 25% porque tu rigor técnico lo justifica, pero temes perder contratos.

1. **Protege tu base actual:** A los clientes que ya tienes en cartera, los mantienes en la tarifa antigua (Protocolo de *Grandfathering*).
2. **El Test en el "Siguiente de la Fila":** A los próximos *tres* prospectos corporativos nuevos que te pidan una propuesta, les presentas la nueva tarifa con el 25% de incremento. Los aíslas por completo de tus precios pasados.
3. **Análisis de Fricción:**
   o Si los tres aceptan sin pestañear, tu precio anterior era peligrosamente bajo. Has establecido tu nuevo piso financiero.
   o Si dos negocian pero aceptan (usando el anclaje inverso), el precio es correcto.
   o Si los tres te rechazan violentamente argumentando que estás fuera de mercado, no perdiste tu negocio; solo perdiste tres prospectos. Para la cuarta propuesta, calibras el incremento a un 15% y vuelves a testear.

La Regla de los Datos Puros (Cuidado con las variables ocultas)

Para que una prueba A/B sea estadísticamente válida y no una simple adivinanza, debes respetar la regla de hierro del método científico: **Aísla una sola variable a la vez.**

Si subes el precio de un libro, cambias la portada y además modificas el SEO de tus metadatos en la misma semana, y de repente tus ventas se disparan, no sabrás qué fue lo que funcionó. ¿Fue el Efecto Halo de la nueva imagen o el cliente percibió más autoridad por el precio alto? Al no saberlo, no podrás replicarlo en el resto de tu catálogo (tus otros 199 libros).

Si vas a probar el precio, congela absolutamente todo lo demás. La misma portada, las mismas palabras clave de Helium 10, la misma inversión publicitaria diaria. Solo así el dato que obtengas será oro puro.

Resumen Táctico de Ejecución

1. **Selecciona tu "Conejillo de Indias":** No testees con tu producto estrella (*"Best Seller"*) si representa el 80% de tus ingresos, ni con el peor producto de tu catálogo. Elige un producto de rendimiento medio en un mercado internacional específico (ej. Italia o Australia) para realizar tu primer experimento de subida de precio esta misma semana.

2. **Define tu métrica de éxito antes de empezar:** Decide de antemano cuánta caída en volumen estás dispuesto a tolerar. *"Si mis ventas caen un 15% pero mi margen neto sube un 30%, mantendré el precio nuevo."* Quita la emoción de la decisión.

3. **Usa el empaquetado como radar:** Si tienes inventario físico, prueba la elasticidad del mercado lanzando *bundles* o kits exclusivos. Es la forma más rápida de medir cuánto dinero extra está dispuesto a gastar tu cliente sin alterar tu oferta principal.

4. **Aplica la regla del "Siguiente Cliente B2B":** En tu próxima reunión para cotizar un levantamiento técnico o supervisión de infraestructura, oblígate a presupuestar un 20% por encima de tu tarifa habitual. El mercado corporativo está diseñado para absorber la inflación de los mejores talentos; solo tienes que atreverte a pedirlo.

Capítulo 28: Los errores de *pricing* que no puedes cometer

Las 8 trampas más comunes y cómo reconocerlas antes de caer en ellas.

A lo largo de este manual, hemos construido una arquitectura de precios diseñada para maximizar tus márgenes y atraer al cliente ideal. Sin embargo, la psicología humana es frágil bajo presión. Cuando las ventas bajan o un cliente corporativo amenaza con irse con la competencia, el pánico toma el control y es fácil dinamitar todo el trabajo realizado. En este capítulo, desglosaremos las ocho trampas letales en la fijación y presentación de precios. Aprenderás a identificar estas fallas en tiempo real para que tu rentabilidad nunca vuelva a ser víctima de tus propios nervios.

Trampa 1: El precio basado en costos (Cost-Plus Pricing)

Esta es la trampa financiera más antigua y destructiva. Consiste en sumar tus costos operativos, calcular el valor de tus horas de trabajo y añadir un margen de ganancia estándar (por ejemplo, un 20%).

- **Por qué destruye tu negocio:** Castiga tu maestría. Si eres un experto y haces el trabajo en la mitad del tiempo, cobrar por horas significa que ganas menos.
- **El síntoma:** En un proyecto de interventoría de infraestructura vial, calculas el precio basándote en cuántas visitas topográficas harás, en lugar de cobrar por el riesgo monumental que estás mitigando. El cliente no te paga por "ir a mirar"; te paga para asegurar que los 9 cm de asfalto, los 30 cm de base granular y los 30 cm de rajón se ejecuten con tolerancias milimétricas, evitando sobrecostos catastróficos. **Tu precio debe ser un porcentaje del desastre que evitas.**

Trampa 2: La carrera hacia el fondo (El síndrome del $0.99)

Ocurre cuando asumes que el mercado es 100% racional y siempre elegirá la opción más barata, llevándote a recortar tus precios para "ganar por volumen".

- **Por qué destruye tu negocio:** El precio bajo aniquila tu autoridad y tus márgenes operativos.
- **El síntoma:** Publicas un manual avanzado con sistemas matemáticos y de probabilidad para ruleta y póker, y le pones un precio de $2.99 para competir con los panfletos genéricos. El jugador profesional, que es quien realmente valoraría tu sistema, ve ese número y asume que el contenido es basura para novatos. Además, con regalías tan bajas, intentar sostener campañas de *Amazon Ads* te dejará en números rojos al primer clic.

Trampa 3: La disonancia visual (El Efecto Cuernos)

Esta trampa se activa cuando exiges un precio *premium* pero el ecosistema visual de tu producto grita "amateur".

- **Por qué destruye tu negocio:** El cerebro humano no procesa la calidad intrínseca hasta después de la compra; antes de la compra, solo evalúa la estética.
- **El síntoma:** Empaquetas una colección premium de *Cuentos Mágicos Para Soñar*, que incluye audiolibros inmersivos generados con IA de voz avanzada. Le pones un precio alto, pero la portada del listado tiene errores tipográficos, carece de iluminación cinematográfica y la descripción es un bloque de texto denso sin jerarquía. El cliente siente una desconexión inmediata entre lo que pides y lo que muestras, abandonando el carrito.

Trampa 4: El descuento por pánico

Es viernes por la tarde, revisas el panel de ventas de tu tienda y los números están congelados. La ansiedad se dispara y, sin ninguna estrategia, le pones un 40% de descuento a tu producto estrella con la esperanza de inyectar liquidez.

- **Por qué destruye tu negocio:** Entrenas a tu cliente para que nunca te pague el precio completo.
- **El síntoma:** Si vendes una fórmula hiper-fermentada ("la bomba") para pesca deportiva de cachama y la rebajas cada vez que hay un torneo cerca, los competidores aprenderán a esperar a la semana previa al evento para comprar. Has devaluado tu propia tecnología. Todo descuento debe requerir algo a cambio (una condición de tiempo estricta o estar atado a una compra por volumen).

Trampa 5: La ceguera geográfica (El precio estático internacional)

Creer que el valor de tu producto es universal y aplicar una simple conversión de divisas al exportarlo a nuevos territorios.

- **Por qué destruye tu negocio:** Ignora el poder adquisitivo local y la percepción de valor cultural de cada región.
- **El síntoma:** Lanzas tu catálogo digital en los mercados de Alemania, Francia, Italia y Australia utilizando la misma estructura de precios que en tu país de origen. Estás dejando dinero sobre la mesa. Un precio que en un mercado emergente parece alto, en Europa o Australia puede percibirse como sospechosamente barato. Debes auditar a la competencia *premium* en cada territorio y ajustar tus etiquetas (por ejemplo, a 19.99 euros) para financiar el alto costo de adquisición de esos países.

Trampa 6: El Precio Desnudo

Ocurre cuando el cliente descubre tu tarifa antes de haber interiorizado el problema que le vas a resolver y la transformación que va a experimentar.

- **Por qué destruye tu negocio:** El precio se convierte en un ancla aislada y dolorosa.
- **El síntoma:** Enviar una propuesta B2B donde el costo total aparece en la primera página o enviar un PDF donde el cliente puede hacer *scroll* directo a la última línea. El precio debe presentarse siempre bajo la arquitectura del "sándwich": después de haber cuantificado el dolor financiero del cliente (el costo de no contratarte) y justo antes de detallar los próximos pasos inmediatos para comenzar a trabajar.

Trampa 7: Validar el Excel Comparativo

Caes en esta trampa en el momento en que aceptas discutir con un prospecto por qué tu servicio es más caro que el del competidor "X" que promete hacer lo mismo.

- **Por qué destruye tu negocio:** Te rebajas a la categoría de producto genérico (*commodity*).
- **El síntoma:** El cliente dice: *"La otra agencia me cobra la mitad"*. Si respondes: *"Pero nosotros somos más rápidos y tenemos mejor soporte"*, perdiste. Estás justificando características operativas. La respuesta correcta es aplicar el Anclaje Inverso: *"Ellos operan con un modelo de volumen genérico. Nosotros operamos con un modelo de mitigación de riesgo absoluto. ¿Cuál es el costo para su empresa si el proveedor barato se equivoca?"*.

Trampa 8: Romper el silencio táctico

La trampa más sutil y la que más acuerdos arruina en el último segundo. Revelas tu precio alto y, ante el silencio pensativo del cliente, hablas para justificarte.

- **Por qué destruye tu negocio:** Transmites desesperación y le indicas a la amígdala de tu comprador que tu precio es un farol negociable.
- **El síntoma:** *"La inversión para implementar el sistema es de doce mil dólares... pero, eh, podríamos revisar el alcance si*

se sale de presupuesto". Acabas de regalar tu margen de ganancia por no poder soportar diez segundos de tensión en la sala. Di tu número con claridad clínica, sostén la mirada y deja que el cliente decida su próximo movimiento.

Auditoría Preventiva de Errores

Para blindar tu operación, revisa esta lista de control antes de enviar tu próxima cotización comercial o publicar un nuevo producto en tu catálogo internacional:

El Riesgo	La Pregunta de Control
Rentabilidad	¿Este precio está calculado en función del tiempo que me tomará, o en función del dinero que le haré ganar/ahorrar al cliente?
Posicionamiento	¿El diseño, la portada y las palabras clave de mi listado justifican visualmente que soy la opción más cara de la página?
Expansión	¿He ajustado este precio al poder adquisitivo específico del país donde están corriendo mis anuncios?
Negociación	¿Estoy mentalmente preparado para decir el precio, cerrar la boca y no ofrecer un descuento a menos que el cliente renuncie a una parte del producto?

Capítulo 29: Cobra lo que vales: el manifiesto final

El cierre emocional y racional que convierte al lector en un profesional que nunca más regala su trabajo.

Hemos llegado al final del recorrido. Has desmantelado la neurociencia del consumidor, dominado el Efecto Halo, aprendido a estructurar el riesgo y perfeccionado el silencio táctico. Pero ninguna de estas herramientas técnicas funcionará si tu termostato financiero interno sigue roto. Este capítulo no es una táctica; es un pacto de honor contigo mismo. Es el momento de abandonar para siempre la identidad del "proveedor económico" y asumir tu lugar como el arquitecto de soluciones de alto valor.

La tragedia de la maestría en liquidación

A lo largo de los años, has invertido incontables horas, capital y energía vital en perfeccionar tu oficio. Has aprendido a leer el mercado, a dominar las probabilidades matemáticas y a estructurar sistemas que funcionan.

Sin embargo, hay una disonancia brutal entre lo que eres capaz de entregar y lo que te atreves a cobrar.

Cuando bajas tu precio por miedo a perder un cliente, no solo estás ajustando un número en una factura o en un listado digital; estás cometiendo un acto de autotraición. Estás diciéndole al mercado: *"Todo mi esfuerzo, mi rigor técnico y mis horas de sacrificio valen menos que la tranquilidad temporal de no ser rechazado"*.

El mercado es un espejo implacable. Si te presentas con la energía de quien pide un favor, serás tratado como un gasto recortable. Si cobras tarifas de supervivencia, atraerás clientes que te exigirán el mundo mientras te miden los centavos, asfixiando tu creatividad y consumiendo tu tiempo libre.

El cambio de identidad: De Operario a Mitigador de Riesgos

La verdadera riqueza en los negocios independientes y en la publicación estratégica no proviene de trabajar más horas, sino de cambiar la forma en que defines tu propio valor.

No eres un operario de horas; eres un protector de resultados.

- Cuando asumes la interventoría de una obra de infraestructura pesada, no estás cobrando por ir a mirar un terreno. Tu firma y tu rigor técnico no solo aprueban 9 cm de asfalto, 30 cm de base granular y 30 cm de rajón; tu firma es el escudo absoluto que evita el colapso estructural y financiero del proyecto. **Esa certeza vale oro.**
- Cuando publicas un manual estadístico para dominar el póker o la ruleta, no estás vendiendo páginas de papel o bytes en una pantalla. Estás vendiendo el sistema matemático que evitará que el jugador pierda su capital en el casino. **Esa ventaja táctica vale oro.**
- Cuando formulas una carnada especializada de alta fermentación, no estás vendiendo una masa en una bolsa. Estás vendiendo la captura del trofeo (la cachama de alto peso) en un torneo donde el pescador ya invirtió cientos de dólares. **Ese instante de triunfo vale oro.**

Tu cliente *premium* no quiere tu tiempo. Quiere tu certeza. Paga tarifas altas porque quiere dormir tranquilo sabiendo que un experto absoluto está al mando de la situación.

La matemática de la escalabilidad exige valor

Si tu visión es dominar mercados internacionales de alto poder adquisitivo como Francia, Alemania, Italia, Países Bajos y Australia, la timidez financiera es tu mayor enemigo.

No puedes escalar un catálogo a la barrera de los $1.000 mensuales en regalías si cobras un dólar de margen por venta. No puedes dominar las pujas en las campañas de anuncios internacionales si tu ticket no te da el oxígeno para aplastar a la competencia en el costo por clic.

El dinero es simplemente una herramienta de medición de energía. Al elevar tus precios de forma ética y justificada, obtienes los recursos para inyectar publicidad, optimizar tu SEO, renderizar mejores portadas y crear ecosistemas donde la competencia de bajo costo simplemente no puede sobrevivir. Cobrar más es el único camino operativo para entregar un mejor producto.

El Manifiesto del Arquitecto de Precios

A partir de este momento, se terminan las excusas. Antes de enviar tu próxima propuesta comercial o publicar tu próximo producto, lee este manifiesto. Es tu nueva realidad innegociable:

1. **Mi precio no es una disculpa:** Nunca volveré a justificar mi tarifa con nerviosismo ni a romper el silencio táctico. Mi precio es un reflejo matemático del valor de la transformación que entrego.
2. **No compito en la tabla de Excel:** Me niego a participar en la guerra del más barato. Si el cliente busca recortes, le mostraré la puerta. Yo opero en el negocio de la mitigación del riesgo y la exclusividad, y eso no admite comparaciones genéricas.
3. **Abrazo la fricción:** Entiendo que si nadie rechaza mis precios, significa que estoy cobrando demasiado poco. El rechazo del cliente no cualificado no es una pérdida; es el filtro de seguridad que protege mi tiempo para el cliente *premium*.
4. **Diseño la autoridad visual:** Mi contexto será impecable. Jamás pediré tarifas altas envolviendo mi producto o mi servicio en un empaque barato o en palabras mediocres. Mi presencia gritará "autoridad" antes de que mi boca mencione el precio.
5. **Mi tiempo es sagrado:** Al elevar mi ticket, elijo trabajar con menos volumen y mayor impacto. Elijo la rentabilidad sobre

la popularidad. Elijo mi propia paz mental sobre la aprobación de quienes no valoran la excelencia.

Has construido el ecosistema. Has blindado las objeciones. Posees la arquitectura psicológica para hacer que el mercado te recompense exactamente como mereces.

Ahora, cierra este libro, abre tu plataforma, ajusta esa etiqueta de precio hacia arriba y sal a reclamar el valor que siempre ha sido tuyo.

Capítulo 30: El Máster en Arquitectura de Precios para Ecosistemas de Productos

El plan maestro para orquestar catálogos masivos, dominar nichos globales y blindar el valor de tus artículos físicos y digitales.

El creador y vendedor de productos moderno rara vez se conforma con una sola línea de inventario. El ecosistema comercial perfecto es multidimensional. Gestionas imperios de publicación digital a nivel global, desarrollas artículos físicos para nichos hiper-especializados y construyes colecciones de alto valor percibido. Aquí unificaremos absolutamente todas las leyes de este libro en un único "Ecosistema de Valor Total". Aprenderás cómo la psicología de precios se adapta y se retroalimenta cuando operas múltiples líneas de productos radicalmente distintas al mismo tiempo.

El Ecosistema del Creador Multidimensional

A lo largo de este manual, hemos desglosado tácticas para vender sin ceder al regateo. La verdadera maestría llega cuando entiendes que el Efecto Halo, la Reversión del Riesgo y el Empaquetado Estratégico son principios universales que te permiten diversificar tu catálogo de productos sin diluir tu rentabilidad.

Imagina la arquitectura de un ecosistema de productos perfecto, dividido en tres pilares de escalabilidad. Así es como se aplica la psicología de precios en su máxima expresión para cada uno de ellos:

Pilar 1: El Vehículo de Escalabilidad Global (Productos Digitales y Editoriales)

Este pilar es tu máquina de ingresos automatizados. El objetivo estratégico aquí es superar de forma sólida y predecible metas de facturación, como la barrera de los $1.000 dólares mensuales en regalías, gestionando un catálogo robusto de más de 200 títulos sin depender de la suerte algorítmica.

- **La Ejecución del Precio:** Aquí aplicas la *Localización Geográfica* y la *Elevación del Contexto*. No compites a precios de introducción en mercados saturados. Posicionas tus manuales técnicos, como los sistemas de probabilidad para dominar el póker o la ruleta, a tarifas *premium* en los mercados de mayor poder adquisitivo (Francia, Alemania, Italia, Países Bajos y Australia).
- **La Tecnología del Estatus:** Para justificar estos precios internacionales, inyectas el Efecto Halo visual. Utilizas la arquitectura de *prompts* para generar portadas con iluminación cinematográfica y acabados hiperrealistas. Apoyas tus listados con datos duros extraídos de herramientas como Helium 10 o Jungle Scout para dominar el SEO. Al cobrar un ticket alto, obtienes el margen de ganancia exacto para ganar todas las pujas en campañas de publicidad y monopolizar las palabras clave de tu nicho.

Pilar 2: El Vehículo de Nicho Apasionado (Productos Físicos Especializados)

El segundo pilar es la prueba definitiva de que entiendes la identidad y el dolor de tu consumidor. Aquí dominas un mercado físico hiper-segmentado donde la pasión nubla el raciocinio del comprador.

- **La Ejecución del Precio:** No vendes componentes genéricos ni artículos de ocio; vendes "La Ventaja Competitiva". Si lanzas una fórmula de cebo hiper-fermentada, conocida como "la bomba", para capturar especies de alto peso como la cachama, tu producto no es una simple masa comercial. Es la munición táctica exclusiva para asegurar el éxito en lagos de torneo.
- **La Psicología:** Aplicas el Anclaje Inverso y el Efecto de Ensamblaje. Tomas componentes tácticos (sedales de alta resistencia, carretes importados de plataformas asiáticas) y los empaquetas como el *Kit Definitivo de Torneo*. Le recuerdas al cliente que ya invirtió cientos de dólares en su inscripción y logística. Fallar por ahorrar unos cuantos billetes en la carnada o el anzuelo es un riesgo inaceptable.

Tu producto se posiciona estratégicamente como el seguro de éxito más económico dentro de las decisiones caras que el cliente ya tomó.

Pilar 3: El Vehículo Híbrido de Alto Ticket (Colecciones y Bundles Premium)

El tercer pilar es donde maximizas el Valor Promedio de Pedido (AOV). En lugar de crear docenas de productos nuevos de bajo margen, tomas los activos que ya tienes y los fusionas en ecosistemas ineludibles que el cliente no puede comparar con nada en el mercado.

- **La Ejecución del Precio:** Utilizas la Arquitectura de Tres Niveles. No ofreces artículos sueltos que generen fatiga de decisión.
- **La Tecnología del Empaquetado:** Si tienes una línea de historias ilustradas, como la serie *Cuentos Mágicos Para Soñar*, tu producto estrella jamás será un libro individual. Creas un Nivel Élite de lujo: la colección completa en formato físico, acompañada por los audiolibros inmersivos generados mediante tecnología de síntesis de voz avanzada. Al colocar esta opción *premium* de alto costo como ancla, el paquete estándar de tu serie principal se convierte automáticamente en la opción lógica, masiva e irresistible para el comprador.

La Ley de la Transferencia de Autoridad Visual

Lo fascinante de operar este ecosistema multidimensional de productos es que la autoridad visual que desarrollas en un pilar se transfiere a los demás.

El rigor analítico que usas para estructurar las campañas de Ads en Europa, midiendo el costo por clic al milímetro, es el mismo rigor que aplicas para evaluar la rentabilidad de un nuevo lote de equipo de pesca. La obsesión por el diseño cinemático en una portada digital es la misma que te impedirá empaquetar un producto físico en una caja genérica.

Tu Juramento Final como Creador de Productos

El mercado digital y físico es un teatro de percepciones. Si presentas tus productos compitiendo en el centavo más bajo, te tratarán como una marca desechable. Si entras estableciendo las reglas, demostrando el impacto del producto, diseñando listados impecables y sosteniendo el precio con firmeza absoluta frente a la competencia, el mercado te entregará la rentabilidad.

Revisa tu inventario y tu panel de control hoy mismo. Elimina los descuentos que huelan a pánico. Eleva tus estándares de empaque y metadatos. Redacta descripciones que alejen al comprador novato y atraigan al cliente dispuesto a invertir.

Tienes la estructura de las tres capas, tienes la arquitectura de *prompts* para dominar lo visual, y tienes la inteligencia de datos para conquistar múltiples territorios internacionales. El ecosistema está completo. Ahora, actualiza esas etiquetas de precio y sal a reclamar el valor exacto de lo que has creado.

Querido lector,

Antes que nada, quiero agradecerte por dedicar tu tiempo a explorar las páginas de "Neuromarketing: El Valor del Precio. Claves Psicológicas para Fijar Precios Exitosos". Este libro ha sido un viaje apasionante, y ha sido escrito con el propósito de proporcionar herramientas y conocimientos valiosos que puedas aplicar en tu vida profesional y personal.
Cada capítulo ha sido cuidadosamente elaborado para ofrecerte una comprensión profunda de cómo el precio puede influir en las decisiones de los consumidores y cómo puedes utilizar estas estrategias para generar valor y éxito. Espero sinceramente que este libro te inspire y te brinde nuevas perspectivas para abordar el neuromarketing.
Si has encontrado valor y resonancia en estas páginas, me alegraría mucho que compartieras tus pensamientos y experiencias. Tus palabras no solo me ayudarán a seguir mejorando, sino que también podrían guiar y motivar a otros que busquen entender mejor el neuromarketing.
Con gratitud y aprecio,
Jimmy fajardo

www.ingramcontent.com/pod-product-compliance
Lightning Source LLC
Chambersburg PA
CBHW050632110626
46523CB00044B/642